AF202260

Hallo,

Einen Sommermorgen im Schwarzwald beginne ich gern in Freiburg mit einem Besuch des Marktes auf dem Münsterplatz. Die vielen Obst-, Gemüse- und Blumenstände bieten ein buntes Bild. Stundenlang kann ich in einem der Straßencafés sitzen und dem Treiben um mich herum zuschauen – und dabei überlegen, was man mit dem Tag anfangen könnte.

SCHWARZWALDHÖHEN ODER LIEBER WEINBERGE?

Von Freiburg aus sind die Schwarzwaldhöhen schnell erreicht. Nur ein Katzensprung entfernt ist der immerhin 1284 m hohe Schauinsland, der Hausberg der Freiburger. Wer es bis dort hinauf geschafft hat, hat es nicht mehr weit bis zum Titisee oder Schluchsee. Herrlich ist es, hier der Empfehlung unserer Autorin Cornelia Tomaschko zu folgen, die zu einer kombinierten Bootstour bzw. Wanderung um den See einlädt (S. 87) – ein ideales Programm für warme Sommertage. An schönen Frühlings- oder Herbsttagen führt der Ausflug von Freiburg idealerweise in die entgegengesetzte Richtung, ins Markgräflerland oder in den Kaiserstuhl. Nirgendwo in Deutschland grünt und blüht es früher, nirgends reifen prallere Rot- und Weißweintrauben heran.

VON DER SONNE VERWÖHNT

Was fähige Winzer daraus machen, sollte man unbedingt probieren. Eine junge Winzergeneration schafft nicht nur hervorragende Gutedel oder Weißburgunder, sondern auch köstliche Spätburgunder. Die treffen den Geschmack der Kunden ebenso wie den der Preisrichter bei großen Weinverkostungen. Natürlich kann man die köstlichen Tropfen bei vielen Winzern probieren, ich teste sie aber besonders gern auf einem der vielen Weinfeste in der Region. Mehr zum Thema Wein erfahren Sie auf S. 64.
Herzlich

Ihre

Birgit Borowski

Birgit Borowski
Redaktion DuMont Bildatlas

»DIE NATUR MUSS GEFÜHLT WERDEN.«

ALEXANDER VON HUMBOLDT

Der Berliner Fotograf Martin Kirchner kennt die Region seit vielen Jahren – er ist mit einer Schwarzwälderin verheiratet. Teilweise hat er die Fotorecherche mit dem Rennrad durchgeführt und ist auch auf den Schauinsland hinauf geradelt. Cornelia Tomaschko, Journalistin in Ettlingen, sucht seit ihrem Studium in Freiburg immer wieder Ruhe und Inspiration im Südschwarzwald.

64

Badische Weine haben schon lange einen guten Ruf. Herausragend ist diesbezüglich – und auch im Wortsinn – der Kaiserstuhl.

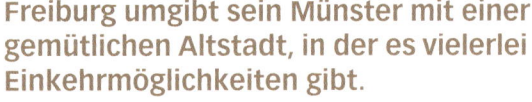

38

Freiburg umgibt sein Münster mit einer gemütlichen Altstadt, in der es vielerlei Einkehrmöglichkeiten gibt.

54

Moderne Architektur wartet in Weil am Rhein auf Interessierte.

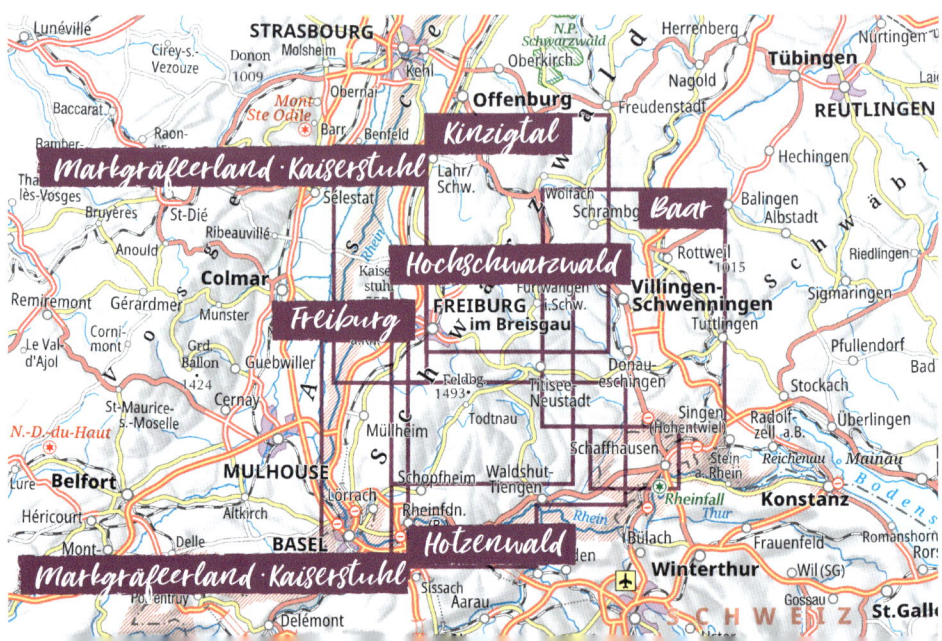

Unsere Favoriten

Verlockungen für Genießer
Hochprozentiges, Feines und Süßes: Der Schwarzwald schmeckt!

Besondere Orte entdecken
Ganz oben oder tief im Berg: mit Gipfeln, Seen, Schluchten, Bergwerken …

Einkaufen im Schwarzwald
Kreative Köpfe kreieren einen besonderen Schwarzwald-Look.

Das Beste erleben

Berührend, aufregend und spannend ...
sind unsere Ideen, die wir für Ihren Aufenthalt
im Südschwarzwald zusammengetragen haben.

Spannendes Erleben

1
VOGTSBAUERNHOF

In diesem weitläufigen Freilichtmuseum
lässt sich in vergangene Lebens- und
Arbeitswelten blicken.
Seite 33

2
EUROPA-PARK RUST

Der Europa-Park in Rust ist vielgestaltige
Attraktion für Klein und Groß.
Seite 67

3
RHEINFALL BEI SCHAFFHAUSEN

Spektakulär stürzt der Fluss vom
Untersee in sein Hochrheinbett.
Seite 101

Reiner Genuss

4
KAISERSTUHL

Auf der Suche nach ungewöhnlicher Natur,
herausragenden Weinen oder verführerischer
Küche – im Kaiserstuhl wird man fündig.
Seite 67

5
DURCHS HÖLLENTAL INS HIMMELREICH

Die Bahnfahrt von Freiburg Richtung
Hochschwarzwald gipfelt im
Ravennaschlucht-Viadukt.
Seite 86

Frischer Schwung

* 6 *

SCHLUCHSEE

Der größte Schwarzwaldsee ist Wassersport-,
aber auch Wanderrevier.
Seite 86

* 7 *

ENTLANG DER WUTACH

Die Wanderung in der Flussschlucht
ist überaus reizvoll.
Seite 100

Grandiose Bauten

* 8 *

FREIBURGER MÜNSTER

Der gotische Kirchenbau ist in
jeder Weise überragend – architektonisch,
aber auch als Aussichtspunkt.
Seite 52

* 9 *

RÖMERERBE IN BADENWEILER

Badekultur hat Tradition im Rheintal –
das zeigen die Ausgrabungen
am Kurpark von Badenweiler.
Seite 68

* 10 *

KLOSTER ST. PETER
UND ST. BLASIEN

Aus „bete und arbeite" erwuchsen
Wohlstand und Prachtentfaltung
wie in St. Peter und St. Blasien.
Seite 85 und 87

* 11 *

SCHLOSS
IN DONAUESCHINGEN

Direkt neben der Donauquelle
prunkt das fürstliche Domizil
in seinem Schlosspark.
Seite 114

DAS GRÜNE HERZ

Schwarzwald, wie man ihn sich vorstellt: grün, wild, einsam. Eine Verlockung für Naturliebhaber und ein Rückzugsort von Auerhahn und Luchs. Die Region rund um den höchsten Berg des Schwarzwalds, den Feldberg, gehört zu den eindrucksvollsten Waldgebieten im Südwesten.

DEUTSCHLANDS SONNENZIMMER

An seinen Rändern senkt sich das raue Waldgebirge zu einem lieblichen Landstrich ab. Die Sonne strahlt kräftig und lässt in den Weinbergen Spitzengewächse reifen, wie etwa in Sulzburg (Bild). Kirschen, Zwetschgen, Mirabellen und andere Früchte destillieren die Edelbrenner zu feinen Tropfen. Dazu gesellt sich die legendär gute badische Küche. Kurzum: eine Region für Genießer und Lebenskünstler.

TRADITIONSREICHE ZUKUNFTSSTADT

Die Universitätsbibliothek in Freiburg geht über ihre spiegelnde Fassade eine enge Beziehung mit der städtischen Umgebung ein. So verbinden sich zukunftsweisende, fahrradfreundliche Ökostadt und Universitätsstadt mit langer Tradition.

FURCHTLOSE MÖNCHE

Die Kelten sollen die Ersten gewesen sein, die im Schwarzwald siedelten. Von den Römern weiß man, dass sie sich nicht so recht in den dunklen Wald trauten. Furchtlos stellten sich mittelalterliche Mönche der Aufgabe, den damals unzugänglichen Schwarzwald zu besiedeln und zu christianisieren. Klostergründungen wie St. Peter stammen aus dieser Zeit.

SPEKTAKEL DER NATUR

Tosend stürzen die Wassermassen des Rheinfalls bei Schaffhausen in die Tiefe. Stiller ist es in der Wutachschlucht, wo Gesteine aus dem Erdmittelalter, seltene Tiere und Pflanzen zu sehen sind. Schweigsam werden die meisten, wenn sie einen Sonnenaufgang oder -untergang am Belchen erleben dürfen. In den Lösshohlwegen am Kaiserstuhl nisten Bienenfresser, wilde Orchideen blühen am Wegesrand.

Lokale Spezialitäten

VERLOCKUNGEN FÜR GENIESSER

Wahre Meister sind im Süd-schwarzwald am Werk, um Wein und Sekt zu keltern, Schinken zu räuchern oder Kirschtorte zu backen. Doch das reicht ihnen nicht. Auf der Suche nach neuen Heraus-forderungen brennen sie bei-spielsweise Gin oder Whisky. Alles auch zum Mitnehmen.

❶ Sektkellerei Geldermann

Mit oder ohne Dosage, brut oder demi-sec, rosé oder weiß, jung oder gereift – die Sektkellerei Gelder-mann lässt in Breisach Sekte für jeden Geschmack und Geldbeutel reifen. Probierpakete mit kleinen Flaschen passen fast in jeden Koffer. Wer seinem Lieblingsgetränk näher kommen will, nimmt an einer Führung teil.

Geldermann Privatsekt-kellerei, Am Schlossberg 1 79206 Breisach Tel. 07667 83 40 www.geldermann.de Führungen: tgl. 14.00 Uhr

❷ Gebrannte Kräuter

Der „Monkey 47" aus dem Nordschwarzwald hat die Bars der Welt erobert. Jetzt zieht der Süden nach: Iris Krader (Bild) vom Scholer-hof in Gallenweiler bei Heitersheim brennt einen Gin, der bereits in England Beachtung fand. Wachol-derbeeren, Zitrusfrüchte und Kräuter – mehr verrät sie nicht von ihrem erfolg-reichen Rezept.

Scholerhof, Iris Krader Eschbacher Str. 22 79423 Gallenweiler Tel. 07633 68 15 https://iriskraderdrygin.com

❸ Whisky von Rothaus

Rothaus kann mehr als Bier: Der Single Malt „Black Forest" wird bei Rothaus gebraut und vergoren, so-dann destilliert und bei der Destillerie Kammer-Kirsch in Karlsruhe abgefüllt. Die limitierten Chargen er-scheinen jährlich am 16. März, dem Geburtstag des „Whiskyvaters" Brau-meister Max Sachs.

Bezug: Fachhandel sowie im Online-Shop Brauereigasthof Rothaus Rothaus 2, 79865 Grafen-hausen, Tel. 07748 5 22 96 00, www.rothaus.de

❹ Kaffee am Martinstor

Wie in einer italienischen Espressobar fühlt man sich in der Kolben Kaffee Akade-mie mitten in Freiburg. Man trinkt die Kaffeespezialitä-ten im Stehen an blanken Holztischen und genießt Kuchen und Gebäck wie die himmlischen Obsttörtchen. Alte Holzvitrinen, Stuck an der Decke und Holz an den Wänden bestimmen das Dekor.

Kolben Kaffee Akademie Kaiser-Joseph-Str. 233 79098 Freiburg Tel. 0761 3 87 00 13, www. kolbenkaffee-freiburg.de

❺ Zeit für Wein

Wer in Baden unterwegs ist, sollte sich Zeit für Wein nehmen. Die Alte Wache am Freiburger Münster-platz gibt einen guten Überblick über die badi-schen Weine. Da ist für je-den ein Mitbringsel dabei. Das findet man sicher auch beim ökologischen Weingut Lämmlin-Schindler.

Alte Wache – Haus der badischen Weine Münsterplatz 38, 79098 Freiburg, Tel. 0761 20 28 70 www.alte-wache.com

Weingut Lämmlin-Schindler Müllheimer Str. 4 79418 Schliengen-Mauchen Tel. 07635 4 40 www.laemmlin-schindler.de

6 Der richtige Schinken

Der Kenner schmeckt es sofort. Ein Schinken, der im Schnellverfahren hergestellt wurde, schmeckt vor allem nach Salz. Das milde Aroma, leicht nussig, nach Tannenrauch duftend, das zarte Fleisch, das bekommt ein Schinken nur, wenn er Zeit genug hatte, langsam das Pökelsalz aufzunehmen und einige Zeit im Rauch zu hängen. Was es alles braucht, um die Schwarzwälder Spezialität herzustellen, zeigt das Schinkenmuseum im Feldbergturm.

79868 Feldberg
Mai–Okt. tgl. 9.00–16.30 Uhr, Juli–Sept. bis 17.00 Uhr
www.hochschwarzwald.de

7 Die Kirschtorte

Biskuitteig, Kirschwasser, Kirschen, Sahne und Schokoraspel sind die Zutaten für die weltbekannte Schwarzwälder Kirschtorte. Das Geheimnis ist nun, wie stark man den Boden mit Kirschwasser tränkt oder wie man die Kirschfüllung aromatisiert. Familie Matt im Café Zimmermann in Todtmoos zeigt, wie aus den Zutaten das kalorienreiche Tortenwunder entsteht. Natürlich darf jeder auch kosten.

Café Zimmermann
Kurparkweg 2
79682 Todtmoos
Tel. 07674 9 05 70
www.cafe-zimmermann-todtmoos.de
Backkurs jeden 2. Di.

8 Direkt vom Hof

Der Schwarzwald ist reich an Spezialitäten, und nirgendwo schmeckt es so gut wie vor Ort. Um den Genuss mit nach Hause zu nehmen, lohnt sich ein Einkauf in einem der zahlreichen Hofläden. Hinweisschilder finden sich überall am Straßenrand oder auf der Internetseite des Naturparks Schwarzwald. Manche Bauern stellen ihre Waren an einem Stand aus, mit einer kleinen Kasse daneben. Da darf man sich dann selbst bedienen.

www.naturpark-sued schwarzwald.de

9 Zwei Sterne über Sulzburg

Die Grundlagen des Kochens lernte Douce Steiner bei ihrem Vater im Hirschen in Sulzburg. Dann zog es sie an die Herde der ganz großen Köche, um 2008 in den Hirschen zurückzukehren, immerhin seit Jahren auch ein Zwei-Sterne-Haus. Doch kaum hatte die Tochter die Regie in der Küche übernommen, war der zweite Stern weg. Douce Steiner verharrte nicht in der Enttäuschung, sondern zeigte, was sie kann, und eroberte ihn 2012 zurück. Und das alles mit viel Charme und Humor. Wer sich vor dem Essen einlesen will oder Anregungen für die häusliche Küche sucht: Douce Steiner hat mehrere Kochbücher veröffentlicht.

Hotel Restaurant Hirschen
Hauptstr. 69
79295 Sulzburg
Tel. 07634 82 08
www.douce-steiner.de
Ruhetage: So., Mo., Di.

*

TÜFTLERGEIST IN TIEFEN TÄLERN

*

In der Heimat des roten Bollen-
huts wird Tradition gepflegt
und zugleich modernes De-
sign entworfen. Hier im tiefen Grund der Kinzig und den
engen Nebentälern begegnet
einem als Klischee, was man
vom Schwarzwald erwartet,
aber auch vieles, womit man
nicht gerechnet hat. Der Tüftlergeist der Region bringt immer
wieder Erstaunliches hervor.

Idyllisch wirkt das Freilichtmuseum Vogtsbauernhof – doch das
Leben im Schauinslandhaus von 1730 war meist hart.

Kinzigtal zwischen Wolfach und Schiltach:
Die Welt der Flößer wurde Freizeitland.

In sieben Kaskaden stürzt die Gutach mehr als 163 Meter tief ins Tal:
Die Triberger Wasserfälle gehören zu Deutschlands höchsten.

Viele Landstriche haben im Zuge der Industrialisierung ihre Unschuld verloren.
Nicht so das Simonswälder Tal, wo gestresste Seelen Ruhe finden.

D as Kinzigtal ist ein uralter Verkehrsweg. Bereits vor rund 600 Jahren nutzten Flößer den Fluss, um Holz von den Schwarzwaldhöhen zum Rhein und weiter nach Holland zu verfrachten. Es war ein gefährliches Unterfangen, und die Flößer galten daher als wagemutig. An ihrem schwarzen Hut, den Lederhosen und den hohen Stulpenstiefeln waren sie überall sofort zu erkennen.

Bis zu 300 Meter lange Holzgefährte banden die Männer zusammen. Da nimmt sich das 60 Meter lange Floß, das die in den 1990er-Jahren gegründe-

DER MITTLERE SCHWARZWALD WIRD VON AUF DEN RHEIN ZULAUFENDEN, TIEF EINGESCHNITTENEN TÄLERN GEPRÄGT.

ten „Schiltacher Flößer" gebaut haben, geradezu zierlich aus. Aber den Land- und Forstwirten geht es auch nicht ums Geschäft. Sie wollen die Gewerbe der Vergangenheit lebendig erhalten, wie auch auf dem Flößerpfad entlang der Kinzig oder in den Flößermuseen. Nach dem Bau der Schwarzwaldbahn war die Schiene schneller, günstiger und ungefährlicher. Die Flößerei kam zum Erliegen, und die Flößer mussten sich neuen Erwerbszweigen zuwenden.

GLÜCK AUF IM SCHWARZWALD

Ähnlich wie den Flößern erging es auch den Bergleuten des Kinzigtals. In der Region mit der größten Zahl an Erz- und Mineralgängen im Schwarzwald ist der Silberabbau seit dem 11. Jahrhundert belegt, aber nur ein Bergwerk, die Grube Clara in Oberwolfach, ist heute noch aktiv. Dort werden Mineralien für die Industrie abgebaut. Auf einer Mineralienhalde, die direkt neben der Grube liegt und täglich neu befüllt wird, versuchen

Haslachs von Fachwerk bestimmte Altstadt steht unter Denkmalschutz.

Auch Schiltachs Altstadt zeigt vielgestaltiges Fachwerk. Das mächtige, mit Stufengiebel geschmückte Dach mittendrin (re., quer stehend) gehört zum reich bemalten Rathaus.

Endlich ist der Landesherr eingetroffen: Das Hornberger Schießen kommt alljährlich auf die Freilichtbühne. Dieses Volksschauspiel basiert auf einer Begebenheit, die sich im Jahre 1564 zugetragen haben soll.

Das kläglich ausgegangene Hornberger Schießen wurde zum bunten Kostümspektakel – und fand Eingang in den Sprichwortschatz.

IMMER WIEDER DONNERTE SALUT DURCH DAS TAL — FEHLALARM. ALS DER LANDESHERR SCHLIESSLICH ERSCHIEN, WAR ALLES PULVER VERSCHOSSEN. DAS HORNBERGER SCHIESSEN WURDE SPRICHWÖRTLICH.

sich moderne Schatzsucher und schleppen kiloweise Erze nach Hause. Ansonsten ist der Bergbau eher museal zu erleben wie beispielsweise in der Grube Wenzel in Oberwolfach oder im Haslacher Ortsteil Schnellingen im Besucherbergwerk „Segen Gottes".

Um an die Bergschätze zu gelangen, wurden allein um Hausach etwa 60 Gruben, Stollen und Schächte gegraben, in denen im 16. Jahrhundert rund 300 Bergleute schufteten. Wie schwierig es damals war, das geförderte Erz weiterzuverarbeiten, zeigt das Bergfreilichtmuseum „Erzpoche" Hausach.

ALS DER WALD VERSCHWAND

Der Bergbau war einer der Gründe, dass der Schwarzwald im 18. Jahrhundert nahezu baumlos war und neu aufgeforstet werden musste. Neben der Nachfrage nach Grubenholz sorgten auch die nach Bauholz – aus dem von Erdbeben und Bränden heimgesuchten Basel beispielsweise –, nach Schiffsmasten für Holland und der enorme Holzverbrauch der Glasbläser für den Kahlschlag. Um ein Kilogramm Glas herzustellen, mussten zwei Kubikmeter Holz verbrannt werden. Die Bedeutung der Glasbläserei für die Region lässt sich noch an zahlreichen Ortsnamen ablesen und in manchem Heimatmuseum nachvollziehen.

Die Wolfacher Dorotheenhütte ist die letzte aktive Schwarzwälder Mundblashütte, und sie ist zugleich die jüngste, denn die große Zeit der Glasbläserei im Schwarzwald lag zwischen dem 13. und 19. Jahrhundert.

Nach dem Zweiten Weltkrieg ließen Hamburger Kaufleute die alte Tradition wieder aufleben und gründeten die Dorotheenhütte, in der Besucher den Glasbläsern bei laufender Produktion über die Schulter schauen können.

TÜFTLER UND ERFINDER

Als die Schwarzwälder Glasbläser mit der Konkurrenz aus anderen deutschen Regionen nicht mehr mithalten konnten, verfielen die Einheimischen auf einen neuen lukrativen Erwerbszweig, die Uhrenindustrie. Zum Alleinstellungsmerkmal wurde die Kuckucksuhr, die sich noch immer bestens verkauft, in der traditionellen Aufmachung wie in künstlerischen Abwandlungen.

Die Uhrenindustrie bildete die Basis für die über Jahrzehnte für den Schwarzwald typische Radio- und Phonoindustrie. Einstige Weltmarken wie „Dual" bei Plattenspielern oder „Saba" bei Radio- und Fernsehgeräten sind in engen Schwarzwaldtälern entwickelt und produziert worden. Anfang der 1980er-Jahre waren sie der globalisierten und in Fern-

Weithin sichtbar: Hornbergs Duravit-Besucherzentrum mit einem Werk
des französischen Designers Philippe Starck.

Generationen sind mit Hahn und Henne
aufgewachsen. Das Original stammt aus der
Zeller Keramik-Manufaktur.

Beim Triberger Uhrmacher Eble ist die größte Kuckucksuhr der Welt zu besuchen.

Im Waldkircher Elztalmuseum steht diese automatische Musikkapelle aus der Zeit um 1900.

Special

Bollenhut

Symbol für den Schwarzwald

Wer rote Bollen trägt, ist noch zu haben, wer schwarze trägt, ist vergeben. Der Bollenhut spricht seine eigene Sprache.

Stunden, ja Tage benötigen die Hutmacherinnen, bis 14 Pompons geknüpft und zugeschnitten sind. Zwei Kilogramm wiegen die Wollkugeln. Damit der Hut unter der Last nicht schlapp macht, wird der Rand mit einer Mischung aus Kalk und Gips verstärkt. Die Strohbänder für den Rohling müssen mit Baumwollfaden genäht sein, damit der Hut geleimt, gedämpft und gepresst werden kann. Zum Schluss nähen die Frauen die Wollkugeln an.

Berühmt machte den roten Bollenhut Sonja Ziemann, die 1950 als „Schwarzwaldmädel" die Kinos eroberte. Seit die Schwarzwald Tourismus Gesellschaft den Hut zum Markenzeichen erkor, steht er für

Gutachs Bollenhutmacherin Gabriele Aberle

den ganzen Schwarzwald. Das gefällt den Bollenhutmacherinnen nicht so recht, denn eigentlich trägt man ihn nur in Gutach, Kirnbach und Reichenbach, wo ihn die Mädchen häufig zur Konfirmation geschenkt bekommen. Richtig hoch geht den Hutmacherinnen aber der Hut, wenn sie in der Werbung einen Bollenhut sehen, der verkehrt herum aufgesetzt wurde.

ost wesentlich billiger produzierenden Konkurrenz jedoch nicht mehr gewachsen. Alfred Fehrenbacher, ehemals Geschäftsführer des Unternehmens, hatte sich aber die Lizenz für analoge Plattenspieler gesichert und führte die Marke bis 2021 in St. Georgen weiter. Pro Jahr bauten seine Mitarbeiterinnen und Mitarbeiter etwa 15 000 Geräte. Dann verschwand das Dual-Logo endgültig.

DESIGN FÜR DIE ZUKUNFT

Nicht immer sind es Einheimische, die Innovationen anstoßen. Der gelernte Tuchmacher Hans Grohe kam beispielsweise im Jahr 1899 aus der Nähe von Berlin in den Schwarzwald. Rasch erkannte er das Potenzial, das in dem noch jungen Sanitärbereich steckte. Aus seinem Drei-Mann-Betrieb entstand im 20. Jahrhundert ein weltweit agierendes Unternehmen. Einige international erfolgreiche Designer wie Philippe Starck, Patricia Urquiola und Antonio Citterio arbeiten heute für das Unternehmen mit Stammsitz in Schiltach.

Mehr als 80 Jahre zuvor, aber nur wenige Kilometer weiter, mitten im Gutachtal, begann die Erfolgsgeschichte eines anderen, ebenfalls weltweit operierenden Unternehmens der Sanitärbranche. Als Georg Friedrich Horn im Jahr 1817 in Hornberg eine Steingutfabrik bauen ließ,

Im Freilichtmuseum Vogtsbauernhof wurde die bäuerliche Vergangenheit detailreich zusammengetragen – inklusive Besenbinderkurs bei Hans Heinzmann (oben links) und Blick in die Wohnstube des 400-jährigen Lorenzenhofs (oben rechts). Ursprung und Namensgeber des Museums war der Vogtsbauernhof von 1612 (unten links). Doch auch außerhalb des Gutachtals blieb das Bild alter Zeiten erhalten: Seilerhof in Heuweiler bei Denzlingen (unten rechts).

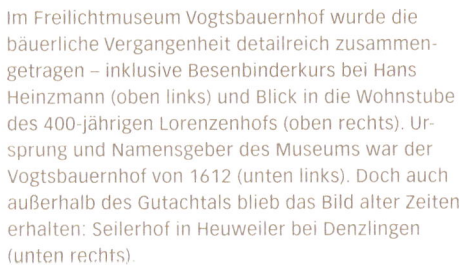

konzentrierte sich der Betrieb noch ganz und gar auf die Produktion von Geschirr. Später erweiterte er die Palette auf Sanitärprodukte, die seit 1950 aus Porzellan hergestellt werden. Seit 1960 steht der Namen Duravit für herausragendes Design mitten im Schwarzwald, wie eine der ungewöhnlichsten Aussichtsplattformen in Hornberg dokumentiert: ein über drei Etagen aufragendes WC nach einem Entwurf des französischen Star-Designers Philippe Starck.

BERG DER KRÄFTE

Den unbestritten besten Blick über den Schwarzwald und die Rheinebene bietet der Kandel. 1241 Meter ist der Berg zwischen Elz-, Simonswälder und Glottertal hoch – doch er wirkt weit höher, da er die Umgebung deutlich überragt. Ein Dorado für Kletterer, Drachen- und Gleitschirmflieger, Skifahrer aller Disziplinen und Radsportler, die die Anfahrt von Waldkirch mit einem alpinen Schwierigkeitsgrad schätzen.

EINST GALT DER KANDEL ALS BLOCKSBERG DES SCHWARZWALDS – UND IM ELZTAL TOBTE DIE HEXENVERFOLGUNG.

Ob sie alle diese mystische Kraft spüren, die dem Berg zugeschrieben wird? Im 14. und 15. Jahrhundert galt der Kandel als Blocksberg des Schwarzwalds, also als ein zentraler Schauplatz von Hexenzusammenkünften, wo die Hexen ihrem unheimlich-magischen Treiben nachgingen. So avancierte das untere Elztal zu einer Hochburg der Hexenverfolgung an Oberrhein und Schwarzwald. Als ausgerechnet in der Walpurgisnacht 1981 der größte Teil der Teufelskanzel, eines mächtigen Felsmassivs an der Nordwestseite des Kandel, abstürzte, waren die Fragen nach den magischen Kräften des Berges wieder aktuell.

Besondere Orte

WEGE IM SCHWARZEN WALD

An einem Sonntagnachmittag im Sommer erinnert die Stimmung an den touristischen Highlights im Schwarzwald ein bisschen an einen Rummelplatz. Nichts ist zu spüren vom Zauber des schwarzen Waldes – es sei denn, man beschreitet andere Wege, ein wenig abseits, manchmal ein bisschen anstrengend, dafür aber zauberhaft.

❹ Komfortabel zelten

Wer keine Höhenangst hat, wird vermutlich wohlig in einem der Baumzelte am Schluchsee einschlummern, zwei oder drei Meter über dem Boden, zwischen Bäumen schwebend und nur über eine Strickleiter erreichbar. Wem das zu wackelig ist, der bleibt besser auf dem Boden. In einem Tipi auf einer stabilen Holzplattform, vielleicht sogar mit Feldbett, auf alle Fälle mit Küchenkiste und Holzofen. „Glamorous camping", kurz Glamping, hat den Schwarzwald erreicht.

Schwarzwald-Camp
Raphael Kuner, Gewann Zeltplatz 2, 79589 Schluchsee, Tel. 07656 9 88 43 48, www.schwarzwald camp.com

❶ Auf den Belchen

Der kahle Berg gilt als einer der schönsten Aussichtspunkte im Südschwarzwald. Weit in die Vogesen hinein und bis zu den Alpen reicht der Blick. Es lohnt sich, dort den Sonnenaufoder -untergang zu erleben. Die Guides von Original Landreisen organisieren ein Bergfrühstück oder ein Fondue im Belchenhaus.

Original Landreisen
Wiesentalstraße 5
79115 Freiburg
Tel. 0761 88 79 31 10
www.original-landreisen.de

❷ Zum Feldsee

Gletscher haben den größten Karsee im Schwarzwald ausgeschliffen, den 32 Meter tiefen Feldsee am Fuße des Seebuck. Er ist an drei Seiten von hohen Felswänden umrahmt, das seltene Brachsenkraut gedeiht hier. Ein sagenumwobener Ort, den man vom Seebuck aus erwandern kann. Oder man geht die große Runde über den Feldbergsteig und kommt am See vorbei.

Rundweg ab Parkplatz Feldberg über Seebuck 9 km Einkehrmöglichkeit im Raimartihof (S. 86)

❸ Durchs Höllental

Die steilste Hauptbahn Deutschlands fährt halbstündlich von Freiburg durch das Höllental nach Titisee-Neustadt und überwindet dabei Steigungen von mehr als 5,7 Prozent. Als sie 1887 eröffnet wurde, nahm damit auch der Tourismus im Hochschwarzwald Fahrt auf. Noch heute ist die Strecke landschaftlich ein Erlebnis, ist doch das Höllental mit dem Hirschsprung eine der gewaltigen Schluchten des Südschwarzwalds. Sieben Tunnel mussten gebaut werden; einer davon ist der Ravennatunnel, der direkt an die 36 Meter hohe und 224 Meter lange Brücke (Bild) über die gleichnamige Schlucht anschließt.

Fahrplan- und Tarifinfos:
Regio-Verkehrsverbund Freiburg
Besançonallee 99
79111 Freiburg
Tel. 0761 20 72 80
www.rvf.de

5 Wandern im Wehratal

Fast 1000 Höhenmeter überwindet, wer von Todtmoos durch das romantische Wehratal nach Wehr wandert. Der Weg ist nicht barrierefrei, führt er doch durch einen seit Jahrzehnten der Natur überlassenen Bannwald. 27 Kilometer lang ist der Weg von der Quelle der Wehra bis zu ihrer Mündung in den Hochrhein. Die ersten 13 Kilometer von Todtmoos-Au bis zum Stausee oberhalb von Wehr führt der Pfad durch Naturräume, in denen keine Siedlungsspuren zu finden sind.

Tourist-Info Wehr
Hauptstr. 14, 79664 Wehr
Tel. 07762 80 86 01
www.wehr.de

6 In den Berg

Der Reichtum mancher Schwarzwaldgemeinde hat ihren Ursprung in den Bodenschätzen. Auch die Bauherren des Freiburger Münsters ließen die Silbervorräte im Schauinsland für den Kirchenbau bergen und verewigten dies in einem der Fenster des Münsters. Heute fahren Touristen in den Schauinsland ein, ebenso wie in zahlreiche andere Bergwerke des Südschwarzwalds, um sich ein Bild von den harten Arbeitsbedingungen unter Tage zu machen.

Übersicht über die Bergwerke: www.schwarzwald-tourismus.info

7 Am Wasser

Vom Fahler Wasserfall am Feldberg zum Todtnauer Wasserfall führt über 12 Kilometer der Wasserfallsteig auf schmalen Wegen und Pfaden. In Todtnau warten Holzliegen von Vitra beim tosenden Wasser für die Entspannung. Oder man geht auf die spektakuläre Hängebrücke „Blackforest-line" und schaut sich den Wasserfall von oben an.

Wasserfall- und Routen-Informationen unter www.schwarzwald-tourismus.info, Stichwort „Wasserfallsteig"

8 Durchs Schwenninger Moos

Die Europäische Wasserscheide verläuft mitten durch das Schwenninger Moos, ein geschütztes Moorgebiet auf 705 Metern Höhe. Hätten nicht engagierte Naturschützer 1987 die Initiative ergriffen, um die Verwaldung des ehemaligen Torfabbaugebiets aufzuhalten, wäre das 120 Hektar große Regenmoor zwischenzeitlich vermutlich verschwunden. Jetzt kann man auf Holzbohlen sicher durch das Moorgebiet wandern, seltene Pflanzen wie den Sonnentau entdecken, Tiere beobachten und an der Quelle des Neckars verweilen, der hier entspringt.

Der Rundweg ist ca. 3,5 Kilometer lang. Tafeln informieren über die Besonderheiten. Parken kann man beim Schwenninger Eisstadion, von dort aus sind es rund zehn Minuten Fußweg zum Einstieg ins Moor.

FACHWERK, FLÖSSER UND FABRIKEN

Das Kinzigtal, mit einer Länge von 95 Kilometern das größte Talsystem im Schwarzwald, durchschneidet das Mittelgebirge fast auf seiner gesamten Breite von Ost nach West. Natur und Kultur, Technik und Kunst kennzeichnen das vielfältige Feriengebiet.

❶ Haslach

Der Geburts- und Sterbeort (7200 Einw.) des Heimatschriftstellers Heinrich Hansjakob (1837 bis 1916) zeigt am Markt schöne Fachwerkhäuser.

MUSEEN

Mehr als 100 Trachten des Schwarzwalds sind im **Trachtenmuseum** im gut erhaltenen barocken Kapuzinerkloster (um 1630) zu sehen (Klosterstr. 1; April–Mitte Okt. Di.–So. 10.00 bis 12.30 und 13.30–17.00, sonst Di.–Fr. 10.00 bis 12.30 und 13.30–16.00 Uhr). Zu den bedeutenden Schwarzwaldbergwerken gehört die ehem. **Silbergrube „Segen Gottes"** (Urspr. 16. Jh.; Silberbergweg; April–Okt. Mi.–So. Führungen 11.30, 13.30 Uhr, in den Sommerferien auch 12.30 und 14.30 Uhr).

HOTELS UND RESTAURANTS

Schon Heinrich Hansjakob war in dem 500 Jahre alten €€ **Gasthof zu den Drei Schneeballen** zu Gast und verewigte dessen Schwarzwälder Gastlichkeit literarisch; mit Gästezimmern (Hauptstr. 11, 77716 Hofstetten, südw. Haslach, Tel. 07832 28 15, www.drei-schneeballen.de). Direkt am (Schwarzwald-)Westweg bietet der € **Harkhof** Vesper und nette Zimmer. Viele der hier erzeugten Hausmacher-Spezialitäten kann man auch mitnehmen (Hark 1, 77784 Oberharmersbach, Tel. 07837 8 35, www.harkhof.jimdo.com).

UMGEBUNG

In der einst kleinsten Reichsstadt **Zell am Harmersbach** (8200 Einw.) findet man auf Schritt und Tritt Erinnerungen an 850 Jahre Stadtgeschichte. An die Hafnervergangenheit erinnert die bekannte Keramik mit Hahn und Henne. Der Storchenturm, Rest der im 14. Jh. errichteten Stadtbefestigung, beherbergt Zeugnisse der Stadtgeschichte und Brauchtum wie die Zeller Narro-Figuren (www.zell.de; April–Okt. Do., Fr., So. 14.00–17.00 Uhr).

INFORMATION

Tourist-Information, Klosterstr. 1
77716 Haslach, Tel. 07832 70 61 72,
www.haslach.de

Trachtenträgerinnen im Vogtsbauernhof (oben); Wolfachs Rathaus (oben rechts); Glasbläser bei der Arbeit in der Dorotheenhütte (unten)

❷ Wolfach

Das Untere Tor, Rest der mittelalterlichen Umringung (12./13. Jh.), ist heute das Eingangstor der Stadt (5700 Einw.). Prächtige Bürgerhäuser, das mit Fresken bemalte Rathaus von 1884 und das Schloss prägen das Ortsbild.

ERLEBEN

Grube Wenzel ist Besucherbergwerk (Frohnbach 19, Oberwolfach, www.grube-wenzel.de; April–Okt. Di.–So. Führungen 11.00, 13.00, 15.00 Uhr). Die **Grube Clara** ist noch in Betrieb und eine berühmte Mineralienfundstelle. Auf der Mineralienhalde kann jeder sein Glück versuchen (Kirnbacher Straße 3, Oberwolfach, www.mineralienhalde.com; April–Okt. So.–Fr. 9.00 bis 17.00 Uhr während Ferienzeiten, sonst Fr. und Sa.). In der **Dorotheenhütte** können die Kunst des Glasblasens angeschaut und 2000 Jahre Glasgeschichte nachvollzogen werden. Wer mag, der bläst sich gar selbst eine Glasvase (Glashüttenweg 4, www.dorotheenhuette.info; tgl. 10.00–16.00 Uhr).

UMGEBUNG

Das kleine **Gutach** ist vor allem durch das **Freilichtmuseum Vogtsbauernhof** TOPZIEL bekannt. Neben dem namensgebenden Hof stehen mehrere typische Schwarzwaldhöfe. Tgl. werden alte Handwerkstechniken vorgestellt (www.vogtsbauernhof.de; Ende März bis Anf. Nov. tgl. 9.00–18.00, Aug.–19.00 Uhr). Auf der benachbarten **Gutacher Sommerrodelbahn** geht es über Kreisel und durch Tunnel 1150 m in die Tiefe (www.sommerrodelbahn-gutach.de; Ende März–Anf. Nov. tgl. 9.00 bis 18.00 Uhr).

Auf der **Hornberger** Freilichtbühne wird jedes Jahr im Juli und Aug. das Schauspiel „Hornberger Schießen" aufgeführt. Das **Duravit Design Center** zeigt preisgekrönte Sanitärkeramik, gibt Einblick in den Produktionsprozess und die Geschichte des bekannten Unternehmens (Werderstraße 36, www.duravit.de; Mo.–Fr. 8.30–16.30 Uhr).

INFORMATION

Tourist-Information, Hauptstr. 41
77709 Wolfach, Tel. 07834 83 53 53
www.wolfach.info

③ Schiltach

Prachtvolle Fachwerkhäuser säumen nicht nur den Marktplatz, sondern prägen das Gesicht des ganzen „Städtle" (3900 Einw.).

MUSEEN

Im Wortsinn viel zu hören gibt es im **Museum am Markt**, das modern und anschaulich Stadtgeschichte präsentiert (Marktplatz 13; https://museum-am-markt.business.site; April bis Okt. tgl. 11.00–17.00 Uhr). Flößerei, Holzverarbeitung und die für Schiltach ebenfalls wichtige Gerberei sind Thema im **Schüttesägemuseum** (Hauptstr. 1; April–Okt. tgl. 11.00 bis 17.00 Uhr). Das **Apothekenmuseum** ist aus einer Apotheke von 1837 hervorgegangen (Marktplatz 5; April und Mai Fr.–So. 14.30 bis 16.30, Juni–Okt. Di.–So. 10.30–12.00 und 14.30 bis 16.30 Uhr). Am Stadtrand ist der Badspezialist Hans Grohe zu finden; in seiner **Aquademie** kann man von der mittelalterlichen Badestube an die Geschichte des Badens verfolgen (Auestr. 9, www.aquademie.de; Mo. bis Fr. 7.30–18.00 Uhr).

INFORMATION

Tourist-Information, Rathaus
Marktplatz 6, 77761 Schiltach
Tel. 07836 58 50, www.schiltach.de

④ Schramberg

Die in einem Talkessel liegende Stadt (21 000 Einw.) besitzt eine große Uhrmachertradition.

MUSEEN

Die **Auto & Uhrenwelt** umfasst vier Museen zur Technik- und Wirtschaftsgeschichte:

Tipp

Der Weg zum guten Käse

Sie heißen „Fratz", „Mundele" oder „Gschasl" und stammen alle vom Dorerhof in Elzach, aus einer von 17 Hofkäsereien entlang der Käseroute, die das Elztal mit dem Wehratal verbindet. Überall kann man Käsespezialitäten vor Ort probieren und einkaufen – in einem Faltblatt des Naturparks Südschwarzwald sind 16 Käsereien und ihre Spezialitäten vorgestellt.

INFORMATION

www.naturpark-kaeseroute.de

Viehhaltung hat Tradition (oben links); Mühle im Prechtal, einem Seitental des Elztals (oben rechts); Schwarzwaldmuseum Triberg (unten)

ErfinderZeiten mit Auto- und Uhrenmuseum sowie Dieselmuseum (Gewerbepark H.A.U. 3/5), Eisenbahnmuseum mit Modellen im Maßstab 1 : 22,5 (Gewerbepark H.A.U. 22) sowie Autosammlung Steim (Göttelbachstr. 49), die Fahrzeugraritäten ab 1907 zeigt (www.auto-und-uhrenwelt.de; Mitte März–Okt. Di.–So. 10.00–18.00 Uhr, sonst. kürzer). Uhren ticken im **Stadtmuseum** (Bahnhofstr. 1, www.stadtmuseum-schramberg.de; Di.–Sa. 13.00–17.00, So. und Fei. 11.00–17.00 Uhr).

HOTELS UND RESTAURANTS

Im **€€ Hirschen** werden Produkte der Region, heimisches Wild und Forellen aus den Schwarzwaldbächen serviert und auch ein Zimmer bereitgehalten (Gasthof Hirsch, Hauptstr. 11, 78713 Schramberg, Tel. 07422 28 01 20, www.hotel-gasthof-hirsch.com).

INFORMATION

Tourist-Information
Haupstr. 25, 78713 Schramberg
Tel. 07422 2 92 15
www.schramberg.de

⑤ St. Georgen

Ursprung der Stadt (13 000 Einw.) ist ein im 11. Jh. gegründetes und 1633 kriegszerstörtes Benediktinerkloster. Zwischen 1720 und 1900 spielte die Uhrenherstellung eine große Rolle.

MUSEEN

Das **Deutsche Phonomuseum** erinnert an den einstigen Weltruf der Plattenspieler aus dem Schwarzwald (Bärenplatz 1, www.deutsches-phonomuseum.de; Mai–Okt. Di. bis So. 11.00–17.00 Uhr, Dez.–April Mo. und Di. geschl.). Die **Sammlung Grässlin** zeigt zeitgenössische Kunst und ist Ausgangspunkt für einen Stadtspaziergang, auf dem in 20 externen Räumen Kunstwerke gezeigt werden (Museumstr. 2; Tel. 07724 916 18 05; www.sammlung-graesslin.eu; nur nach Vereinb.).

RESTAURANTS

In einer ehemaligen Uhrenfabrik bietet die Küche des **€€ Feinwerk** klassische Gerichte modern interpretiert an, auf saisonaler und regionaler Basis. Auch Vegetarier und Veganer finden verschiedene Gerichte auf der Karte. Im darüberliegenden Federwerk können Gäste

auch übernachten (Museumstr. 1, Tel. 07724 8 84 91 00, www.federwerk.com).

INFORMATION

Tourist-Information, Hauptstr. 9
78112 St. Georgen, Tel. 07724 8 71 94
www.st-georgen.de

⑥ Triberg

400 m Höhenunterschied liegen zwischen dem tiefsten und dem höchsten Punkt der Stadt (4800 Einw.). Nicht nur im Museum ist hier vieles typisch Schwarzwald.

SEHENSWERT

Die **Wallfahrtskirche „Maria in der Tanne"** (um 1700) hat eine prachtvolle barocke Innenausstattung. Schnitzereien im **Rathaussaal** zeigen Szenen aus dem Leben im Schwarzwald (Hauptstr. 57; Mo.–Do. 9.00–12.00 und 14.00–16.00, Fr. 9.00–12.00 Uhr). Die Familie Eble fertigt seit 1880 Schwarzwälder Uhren und ist seit 1997 sogar im Guinnessbuch der Rekorde verewigt: Die Familie baute die weltgrößte begehbare **Kuckucksuhr** (Schonachbach 27, www.uhren-park.de; Ostern–Okt. Mo.–Sa. 9.00–18.00, So. ab 10.00, sonst Mo.–Sa. 9.00–17.30, So. 11.00–17.00 Uhr).

MUSEEN

Trachten, Uhren, Drehorgeln, Werkstätten mit alten Schwarzwälder Handwerkstechniken, Bergwerk und Wintersport – das **Schwarzwaldmuseum** zeigt alles, was für die Region typisch ist (Wallfahrtstr. 4; April–Okt. Mo.–Do.

11.00–17.00, Fr.–So., Fei. bis 18.00, sonst Fr. bis
So., Fei. 11.00–17.00 Uhr, www.schwarzwald
museum.de).

ERLEBEN

Die Gutach fällt über sieben Kaskaden ins Tal
und bildet mit 163 m Höhe damit einen von
Deutschlands höchsten **Wasserfällen**. Das
Naturschauspiel kann man auf drei langen
Wegen erkunden. Ferner gibt es einen Erleb-
nispark und einen Hochseilgarten.

INFORMATION

Tourist-Information, Wallfahrtstr. 4
78098 Triberg, Tel. 07722 86 64 90
www.triberg.de

⑦ Waldkirch

Das Elztalzentrum (22 100 Einw.) am Fuß des
Kandel erhielt im Jahr 1300 Stadtrecht und ist
für den Orgelbau bekannt.

MUSEEN

Im Chorherrenstift (18. Jh.) präsentiert das
Elztalmuseum den Waldkircher Orgelbau,
mechan. Musikinstrumente und Zeugnisse der
Stadtgeschichte (Kirchpl. 14; www.elztalmu
seum.de; Di.–Sa. 13.00–17.00, So. ab 11.00 Uhr).

ERLEBEN

Dank tatkräftiger Bürger ist die **Ruine Kastel-
burg** (Urspr. um 1280, 1634 zerstört), Beispiel
für den klassischen Burgenbau im Breisgau, zu
einem Ausflugsziel geworden (Nacht- und Fa-
milienführungen im Sommer). Über das Rheintal bis zu den Vogesen kann man vom **Baum-
kronenweg** im Naturerlebnispark Waldkirch
schauen. Zum Schluss geht es in Europas
längster Röhrenrutsche oder auf einem Wanderweg zurück auf den Boden zum Barfußpfad
und Sinnesweg (Erwin-Sick-Str.; www.baum
kronenweg-waldkirch.de; April–Anf. Nov. 11.00
bis 17.30, Juli–Anf. Sept. 10.30–18.30 Uhr).

UMGEBUNG

Der **Kandel** (1242 m) ist ein Dorado für Sportler aller Art. Zufahrt für Autos von Waldkirch
oder von St. Peter. Vom Parkplatz sind es noch
400 m zu Fuß zum Gipfel mit bester Aussicht
über den Schwarzwald und die Rheinebene.
Ein Kleinod im Schwarzwald ist das **Simonswälder Tal**. Die Fahrt entlang der Wilden Gutach ist eine Reise in unberührte Natur. 83 %
des Tales ist bewaldet, lediglich 3100 Menschen leben hier. Je weiter man in das Tal hin-
einkommt, desto enger und romantischer wird
es. Wegen seiner steil abfallenden Lage haben
sich viele Mühlen angesiedelt, von denen
sechs an einem 9 km langen Themenweg liegen (ab Festplatz Simonswald). Die historische
Ölmühle von 1712 kann besichtigt werden
(Ostern–1. Nov. Do. u. Sa. 10.00–15.00 Uhr).

INFORMATION

Tourist-Information, Marktplatz 1–5
79183 Waldkirch, Tel. 07681 1 94 33
www.stadt-waldkirch.de

MIT EINEM LÄCHELN

Radfahren durch den Schwarzwald? Mit einem E-Bike
wird die Tour zum Genuss. Das Kinzigtal bietet einzigartige
Bedingungen, um ganz entspannt und mit einem Lächeln am
Ziel anzukommen – ganz egal, wie gut die eigene Kondition auch
sein mag.

Sportlich ambitionierte Radfahrer erproben ihre Kondition
eher am Feldberg und selbstverständlich ohne Unterstützung
durch einen Elektromotor. Doch wer gern gemütlich und genussvoll durch die Landschaft radelt, ist auf dem Kinzigtalradweg mit
seinem leichten Gefälle genau richtig – vorausgesetzt, man fährt
von der Quelle zur Mündung. Andernfalls wird das leichte Gefälle
zur Steigung – aber auch das ist mit einem E-Bike nicht wirklich
ein Thema. Schließlich verdoppelt der Elektromotor die eigene
Kraft. Ein dicker grüner Pfeil neben einem grünen Fahrrad weist
den Weg auf dem 95 Kilometer langen, meist asphaltierten Radweg, der für Tourenradler ebenso geeignet ist wie für Eltern mit
Kindern im Fahrradanhänger. In den schönen Fachwerkstädtchen
entlang der Route gibt es genügend Gelegenheit für kulinarische
und kulturelle Pausen.

Radeln muss nicht anstrengend sein: Mit E-Bike und einem gut geladenen Akku
macht selbst die steilste Schwarzwaldstrecke wenig Mühe.

E-Bikes verleihen im Kinzigtal sieben Anbieter, an
16 Stationen kann man leere Akkus laden oder tauschen. Die
Reichweite hängt jeweils von der Topografie der Strecke ab. Je
nach eigener Kondition ist maximale Unterstützung oder maximale Reichweite wählbar. Wen die Lust – oder die Kraft – doch
früher als erwartet verlassen sollte, der fährt mit der Bahn weiter.

Adressen der Verleihstationen (Schenkenzell, Haslach, Hornberg,
Schramberg, Oberwolfach, Wolfach, Hofstetten, Lauterbach) und
Abgabestellen der Ladestationen sowie Tourentipps bei **Kinzigtal
Tourismus**: www.schwarzwald-kinzigtal.info/natur/kinzigtal-
radweg; www.schwarzwald-kinzigtal.info/natur/radfahren/
fahrradverleih; www.schwarzwald-kinzigtal.info/natur/radfahren/
ladestationen

Tourist-Information Wolfach: www.wolfach.info

Hohengeroldseck
Die Burgruine Hohengeroldseck
trohnt auf dem Schönberg (525 m)
und bietet einen traumhaften
Weitblick in die Täler des
Schwarzwaldes und in die
atemberaubende Rheinebene.

MEHR INFOS:

Wandern & genießen

AUSZEIT IM SCHWARZWALD

D er 35,5 km lange **Geroldsecker Qualitätsweg** lädt zu einer abwechslungsreichen Rundwanderung durch das mittlere Schuttertal ein. Er ist am bequemsten in zwei Abschnitten von jeweils ca. 20 km zu erwandern. Der Weg grenzt an die Stadt Lahr und die Gemeinde Seelbach. Er wird durch den Naturpark Schwarzwald Mitte/Nord gefördert und trägt seit 2014 das Zertifikat **„Qualitätsweg Wanderbares Deutschland"**.

Ausgangspunkte sind die Talorte Lahr-Reichenbach, Seelbach und Wittelbach. Von dort geht es auf die Höhen des mittleren Schwarzwalds. Entlang des Weges liegen die beiden **Burgruinen Hohengeroldeck** und **Lützelhardt** sowie schöne Panoramaaussichten und zwei historische Schmieden: Die **Geroldsecker Waffenschmiede** im Litschental und die **Hammerschmiede** in Reichenbach.

Der Wanderweg führt außerdem auf dem Höhenweg vom Hasenberg über das **Schutzgebiet „Nationales Naturerbe"** auf dem Langenhard.

Zahlreiche Gasthäuser, Vesperstuben und Restaurants bieten entlang des Weges **regionale Esskultur zum Genießen und Stärken** sowie Übernachtungsmöglichkeiten.

Für Familien

Der **Geroldsecker Burgpfad** erzählt auf 2,8 km in kindgerechter Form über das „Burgleben", das aktiv bei verschiedenen Spielen nachempfunden werden kann.

Wander Arrangement

Das Hotel-Restaurant **Adler** in Lahr-Reichenbach bietet Gastfreundschaft und Tradition in der vierten Generation. Seit 1989 zeichnet ein **Michelin Stern** die finessenreiche Küche aus.

Tauchen Sie in den Schwarzwald ein mit dem **Wander-Genuss-Arrangement**
• 4-Gang-Gourmet-Menü nach Wahl des Küchenchefs, inklusive Aperitif
• Übernachtung im Komfortzimmer
• Frühstück
• Wander-Rucksackverpflegung
• Buchbar von Mittwoch bis Samstag
ab 371,- EUR im Doppelzimmer
ab 210,- EUR im Einzelzimmer
www.adler-lahr.de | Telefon +49 7821 90 63 90

Geroldsecker Qualitätsweg

Schwierigkeit: anspruchsvoll
Strecke: 35,5 km
Dauer: 13 Std
Aufstieg: 1.535 m
Abstieg: 1.535 m
Niedrigster Punkt: 188 m
Höchster Punkt: 518 m

Weitere Infos zu Wanderungen:

Kultur- und Tourist-Info Seelbach
+49 (0)7823/949 452
tourismus@seelbach-online.de

KulTourBüro Lahr Tickets & Touristik
+49 (0)7821/950 210
kultour@lahr.de

*

LEBENSART FÜR KREATIVE KÖPFE

*

Ist Freiburg so gut wie sein Ruf? Der Freiburger Kabarettist Matthias Deutschmann meint: fast. Doch welchen Ruf meint er? Den der traditionsreichen Universitätsstadt oder den der nachhaltigen Großstadt? Den der Tourismushochburg oder den der Genussmetropole? Universität, Green City, mittelalterliche Altstadt und die Gastronomie geben jedenfalls ihr Bestes.

Mediterranes Flair entfaltet sich in Freiburg nicht nur rund ums Münster und die Alte Wache.

Mit Blick auf das Freiburger Münster: die Alte Wache, heute Haus
der Badischen Weine

Bester Freiburger Aussichtspunkt ist der Münsterturm: Von hier oben genießt man den Blick auf die Altstadt,
das Marktgeschehen und auf das Historische Kaufhaus mit seinem Fassadenschmuck.

Eine Steinmetzin der Münsterbauhütte im Maßwerk des Münsterturms

Vorbei am Markttreiben auf dem Münsterplatz führt der Weg zum prachtvoll geschmückten Münsterportal.

DEM BASLER KUNSTHISTO-RIKER UND SCHRIFTSTELLER JACOB BURCKHARDT WIRD DAS ZITAT ZUGESCHRIEBEN, DAS FREIBURGER MÜNSTER SCHMÜCKE DER »SCHÖNSTE TURM DER CHRISTENHEIT«.

Tradition und Fortschritt prägen die kleine Großstadt, umrahmt von Weinbergen, Schwarzwaldhöhen und Oberrheinebene. Hier findet man noch Handwerker, die Schuhe von Hand nähen oder Gürtel nach Maß fertigen, hier kann man direkt neben dem Schwabentor Schrauben, Muttern und Haken einzeln kaufen oder sich in der Schusterstraße einen originellen Stempel schneiden lassen, um seine Bücher vor dem Verleihen eindeutig zu kennzeichnen. Aber zugleich arbeiten in der sonnenverwöhnten Stadt auch Tausende Freiburger in Unternehmen der Umwelt- und Solarwirtschaft. Die Firmen haben keine Probleme, kreative Köpfe anzuziehen, denn es locken Wissenschaft und Technologie nach Freiburg wie auch vielfältige Kultur, ein herrliches Klima, die vielgestaltige Landschaft und natürlich eine anziehende Lebensart in reizvoller Nähe zum französischen Nachbarn.

INTERNATIONALE BEACHTUNG

Der Club of Rome sagte schon frühzeitig vorher, die Märkte der Zukunft würden grün sein – was stimmt. Aber die Betriebe, die in Freiburg für die Solarwirtschaft produzieren, mussten ebenfalls feststellen, dass es auch in dieser „grünen" Branche Konjunkturdellen geben kann. Das sogenannte Cluster Green City

hat sich deshalb zum Ziel gesetzt, den meist mittelständischen Unternehmen im Bereich erneuerbare Energien Wege aufzuzeigen, wie diese ihre Innovationen verwirklichen, sich neue Marktzugänge erschließen und ihre Wettbewerbsfähigkeit steigern können. Diese weitreichenden Bemühungen um eine zukunftsträchtige und ökologisch ausgerichtete Politik finden auch international Beachtung. So wurde Freiburg 2012 beim UN-Gipfel in Rio de Janeiro als einzige deutsche Stadt für seine Nachhaltigkeitspolitik ausgezeichnet und nur wenige Monate später zur nachhaltigsten Großstadt Deutschlands gekürt. 2038 will Freiburg klimaneutral sein.

IN DIE ZUKUNFT RADELN

Nicht verwunderlich in einer Stadt, in der die Bevölkerung etwa ein Drittel ihrer täglichen Wege per Rad zurücklegt. Eindrucksvolle 500 Kilometer umfasst das Freiburger Radwegenetz, das 35 000 Radler jeden Tag nutzen. Doch das reicht den Freiburgern nicht. In den nächsten Jahren sollen es noch deutlich mehr werden. Ehrgeizige Pläne, deren Umsetzungschancen vor allem davon abhängen, dass die Mitnahmebedingungen von Fahrrädern im öffentlichen Nahverkehr verbessert werden – wie eine Umfrage des Allgemeinen Deutschen Fahr-

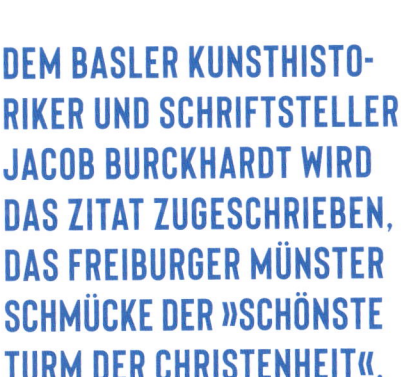

Mit Kreide auf eine Tafel geschrieben: Tageskarte von „Oberkirchs Weinstuben" am Münsterplatz

Das alte Handwerkerquartier Gerberau ist heute eines der Freiburger Ausgehziele.

Im Augustinermuseum sind die Originalskulpturen des Freiburger Münsters einmal von Nahem zu betrachten.

Aus Bächle-Sicht: Freiburgs Neues Rathaus. Vom Türmchen des Dachgiebels ertönt täglich um 12.00 Uhr ein Glockenspiel.

DAS TREIBEN IN DER ALTSTADT VON FREIBURG IST GANZ VON EINEM ENTSPANNT-SÜDLICHEN FLAIR BESTIMMT.

radclubs ergab. Freiburg ist also schon Spitze bei Kriterien wie „alle fahren Rad" und hinsichtlich der Erreichbarkeit des Stadtzentrums, wobei hier auch offiziell entgegen der Einbahnstraßenrichtung geradelt werden darf.

Aber bei der Organisation von Baustellen, bei der Ampelschaltung und eben der Fahrradmitnahme in Bus und Bahn ist noch deutlich Luft nach oben. Trotzdem, 2022 reichte es beim bundesweiten Fahrradklima-Test des Allgemeinen Deutschen Fahrrad-Clubs (ADFC) e. V. zu Platz drei (hinter Münster und Karlsruhe) unter den fahrradfreundlichsten Städten mit mehr als 200 000 Einwohnern.

SORGENKIND MÜNSTERTURM

Das alles wird Touristen, die über das Kopfsteinpflaster durch die romantischen Gässchen entlang der Freiburger Bächle bummeln, kaum bewusst – es sei denn, sie schließen sich einer der Solar- oder Umweltführungen an. Die meisten machen sich aber lieber auf den Weg zum Münster, dessen hoch aufragende, filigran durchbrochene Turmspitze zum Wahrzeichen Freiburgs wurde. Doch es steht nicht gut um diese Landmarke. Der Sandstein wird brüchig, ganze Brocken haben sich schon aus dem Bauwerk gelöst. Häufig ist der Turm eingerüstet.

Nach umfangreichen Sanierungsarbeiten ist die Turmspitze seit 2018 wieder frei von Gerüsten und Netzen.

Schwindelfrei sollten diejenigen schon sein, die dort oben arbeiten und nach einer umfassenden Reinigung die mittelalterliche Bausubstanz restaurieren oder behutsam einzelne Steine ersetzen. Da die Arbeiten eine ganze Menge Geld verschlingen, haben die Freiburger die Wiederherstellung zu einem Projekt gemacht und für 1000 Steine am Turmhelm finanzielle Patenschaften an Unterstützungswillige vergeben – vorneweg den ehemaligen Fußball-Bundestrainer Joachim Löw, dessen Karriere als aktiver Fußballer einst beim SC Freiburg begann.

NEUES QUARTIER

Das Münster ist Freiburgs ewige Baustelle, aber nicht die größte. Dazu hat sich in den vergangenen Jahren das neue attraktive Quartier in der Nordwestecke der Innenstadt gemausert. In der ersten Hälfte des 13. Jahrhunderts entstand, wo heute moderne Hochhäuser mit Geschäften und Büros stehen, ein Dominikanerkloster, an das nun nur noch mit ihrem Namen die Predigerstraße erinnert. Nach der Auflösung des Konvents entwickelte sich hier ein lebendiges Wohnviertel mit vielen Handwerksbetrieben, Geschäften und Lokalen.

Das neugotische Colombischlössle beherbergt das Museum für Ur- und Frühgeschichte (oben links). Das Greiffeneggschlössle auf dem Schlossberg ist Aussichtspunkt und Restaurant zugleich (oben rechts). Die Blaue Brücke an der historistischen Herz-Jesu-Kirche verbindet den Stadtteil Stühlinger mit der Altstadt (unten links). Das im Jahr 1996 am Konrad-Adenauer-Platz eröffnete Konzerthaus Freiburg ist eines der modernsten Gebäude der Stadt (unten rechts).

Bei den alliierten Bombenangriffen auf Freiburg im November 1944 ging auch Unterlinden in Flammen auf, denn so gemütlich Freiburg auf auswärtige Besucher wirkt – ein wechselhaftes Schicksal hat diese Stadt in allen Zeiten gehabt.

Bauarbeiter entdeckten bei den jüngsten Baumaßnahmen im Viertel einen Keller, damals wohl verschüttet und später überbaut. Vorratsregale mit Flaschen und Gläsern, ein Koffer mit Besteck und Geschirr wurden gefunden, die heute im Hauptgebäude des neuen Quartiers zu sehen sind, eingelassen in den Boden im Eingangsbereich, erreichbar über typisches Freiburger Pflaster entlang eines neu angelegten Bächle.

NASSE FÜSSE

Damit wurde das rund acht Kilometer lange Bächle-Netz Freiburgs ein kleines Stückchen verlängert. Bereits seit mehr als 800 Jahren fließt frisches Wasser durch die Rinnen entlang der Gassen – ursprünglich sogar mittendrin, wie es heute noch in der Marktgasse zu sehen ist, die von der Kaiser-Joseph-Straße bis zum Münsterplatz führt. Das Bächle-

AUCH ARCHITEKTONISCH VEREINT FREIBURG ZUKUNFTSTRÄCHTIGES MIT DEM VIELGESTALTIGEN ERBE DER VERGANGENHEIT.

Wasser war vor allem als Löschwasser sowie als Frischwasser für die Tiere gedacht. Die Abwässer versickerten in Gruben hinter den Häusern. Trinkwasser für die Bewohner lieferten zahlreiche Brunnen, das Wasser für Gewerbebetriebe floss im Gewerbekanal, wie in der Gerberau zu sehen ist. Einige Zeit lang verborgen und überdeckt, wurden in den vergangenen Jahren viele Bächle wieder freigelegt – zur verständlichen Freude der Kinder, die manchmal ihre Boote darauf fahren lassen.

Es gibt vielerlei Möglichkeiten, hinauf
auf den Schauinsland zu kommen.

Das „Waldrestaurant St. Valentin" im Stadtteil Günterstal gehört
traditionell zu den beliebten Ausflugszielen der Freiburger.

In Günterstal ist auch das Kloster St. Lioba
mit seinem Kräutergarten zu finden.

Manch einen reizt es, den Schauinsland
mit dem Rad zu erobern.

Speziell auf dem Aussichtsturm macht der Schauinsland seinem Namen alle Ehre.
Von hier oben aus kann man sogar den Mont Blanc sehen.

Freiburger Kinder haben eine ganz besondere Beziehung zu den Bächle, aber nicht nur sie. Denn die Bächle haben seit jeher auch einen familienpolitischen Bezug: Tritt ein Nicht-Freiburger versehentlich in eine dieser Wasserrinnen, gehen die Einheimischen fest davon aus, dass er oder sie eine Freiburgerin oder einen Freiburger heiraten wird. Der eine oder die andere soll dies schon mal ausprobiert haben ...

TRADITIONSREICHE UNIVERSITÄT

Ob sich die Studierenden dessen bewusst sind, wenn sie sich im Sommer im klaren Wasser die Füße kühlen? Rund 24 000 junge Menschen besuchen die mehrfach ausgezeichnete Albert-Ludwigs-Universität in Freiburg – bereits im Jahr 1457 gegründet und damit überaus traditionsreich. Sie prägen das Stadtbild und profitieren von einem Zusammenschluss ihrer Alma mater mit den Hochschulen in Karlsruhe, Straßburg, Mulhouse/Colmar und Basel, die ihren Studierenden gegenseitig freien Zugang zu den eigenen Lehrveranstaltungen ermöglichen. Seit dem Jahr 2013 geht es nach Mulhouse sogar im Eiltempo: mit dem TGV (Abkürzung für „train à grande vitesse"). Dieser französische Hochgeschwindigkeitszug verbindet Freiburg mit Paris – in einer Fahrtzeit von nicht einmal vier Stunden.

Besondere Souvenirs

EINKAUFEN IM SCHWARZWALD

Ein bisschen Schwarzwald mit nach Hause nehmen? Eigentlich schon, aber Wetterhäuschen aus Plastik? Muss nicht sein. Kuckucksuhr und Co. gibt es nun auch in moderner Variante, zu jedem Einrichtungsstil passend. Und wer ein bisschen mehr Geld ausgeben will, wählt zwischen Schmuck und Haute Couture.

① Schwarzwälder Stöffle

Den Himmel über dem Stübenwasen oder den Winter am Fahler Loch verarbeitet Kim Schimpfle zu traumhaft schönen Dirndln. Diese handgenähten Meisterwerke haben natürlich ihren Preis. Für alle, die weniger Geld ausgeben möchten, gibt es Accessoires wie Tücher oder ausgefallene Schmuckstücke für den Kopf.

Schwarzwald Couture
Kim Schimpfle, Hildastr. 62
79102 Freiburg, Tel. 0761
70 59 99 75, www.schwarz
waldcouture.de

② Schwarzwald für die Wand

Stoisch schauen Betty, Harry und die anderen blumengeschmückten Kühe in die Kamera von Sebastian Wehrle und damit in die Augen des Betrachters. Und auch die Trachtenbilder des Fotografen sind alles andere als langweilig.

Sebastian Wehrle, Fotografie vom Schwarzwald, der Heimat & der Welt, Konviktstr. 5
79098 Freiburg
Tel. 0761 79 02 64 41
www.sebastian-wehrle.de

③ Aus Holz

Drechseln gehört zu den ganz alten Handwerkskünsten, und wo viele Bäume wachsen, liegt es nahe, alles, was man so braucht, aus Holz zu machen. Wie es früher gemacht wurde, kann man in Bernau Mitte August bei den Holzschneflertagen nachverfolgen. Welche wunderbaren Formen man heute aus Holz schaffen kann, zeigt Alexander Ortlieb in seiner Werkstatt das ganze Jahr über.

A. Ortlieb Drechslerei
Todtmooser Str. 6
79872 Bernau
Tel. 07675 92 20 35
www.ortlieb-bernau.de

④ Die Kuckucksuhr mal anders

Wer sagt denn, dass ein Kuckuck immer braun sein und in einem verschnörkelten Häuschen sitzen muss? Die Firma Rombach & Haas mit Sitz in Schonach, dem Kuckucksuhren-Zentrum schlechthin, lässt den Vogel schon mal frei oder verpasst ihm und seinem Haus kräftige Farben oder auch ein Hirschgeweih. Seit dem Jahr 1894 betreibt die Manufaktur das Kuckucksuhren-Geschäft; mit Selina und Andreas Kreyer ist heute bereits die fünfte Generation am Ruder. Die beiden trauen sich einiges. Und wenn es sein muss, können sie natürlich auch klassisch. Übrigens: Wem der Kuckuck nachts den Schlaf raubt, der kann ihn einfach von Hand abschalten.

Rombach & Haas, Kuckucksuhrenmanufaktur Sommerbergstr. 2
78136 Schonach
Tel. 07722 52 73
www.black-forest-clock.de
Werksbesuch möglich

5 Um den Finger gewickelt

Die Bächleringe sind ein Verkaufshit bei Lechler in Freiburg, gerne auch als Eheringe. Seit drei Jahrzehnten fertigt die Goldschmiede Schmuck in moderner Formensprache, seit einigen Jahren zum Beispiel auch mit Motiven des Freiburger Münsters oder aus dem Schwarzwald.

Wenn frau ein Statement zum Bollenhut abgeben möchte, aber nicht zu den Damen aus Gutach, Kirnbach oder Reichenbach gehört, die diesen tragen dürfen, hilft Karima Ramadan weiter. Ihren Bollenhutschmuck gibt es fürs Ohr, den Hals, für die Finger oder als Anstecknadel.

Lechlers Goldschmiede
Schiffstr. 7, 79098 Freiburg
Tel. 0761 3 45 10
www.lechlers.de

Karima Ramadan
Schwarzwaldstr. 230
79117 Freiburg
Tel. 0761 1 37 83 75
www.bollenhutschmuck.de

6 Gute Wachstumsprognosen

In der Oberrheinebene ist nicht nur das Wetter besser als anderswo, auch die Böden sind sehr fruchtbar. Wer den Mut hat, Empfindliches zu transportieren, sollte sich bei der Kaiserstühler Gärtnerei Friderich auf dem Freiburger Markt einen Kräutertopf mitnehmen. Oder bei der Staudengärtnerei Gräfin von Zeppelin eine Iris. Auch wunderschöne Mitbringsel: die Rosen (Foto) im Landhaus Ettenbühl im Markgräflerland. Oder einfach nur schauen, schnuppern und vielleicht ein Foto machen.

Gärtnerei Klaus Friderich
Lehweg 2, 79361 Sasbach
Tel. 07642 72 22
www.friderich.de
auf dem Freiburger
Münstermarkt beim
Georgsbrunnen

Staudengärtnerei Gräfin
von Zeppelin, Weinstr. 2
79295 Sulzburg-Laufen
Tel. 07634 55 03 90, www.
graefin-von-zeppelin.de

Landhaus Ettenbühl
Hof Ettenbühl, 79415 Bad
Bellingen-Hertingen
Tel. 07635 82 79 70, www.
landhaus-ettenbuehl.de

7 Hahn und Henne

Kindheitserinnerungen werden bei vielen wach, wenn sie die Keramikmanufaktur in Zell am Harmersbach besuchen. Hahn und Henne spazieren tausendfach über Wiesen auf Tassen, Tellern und Kannen. Vor Ort findet man alle Formen, die hergestellt werden.

Zeller Keramik Manufaktur
Hauptstr. 48
77736 Zell am Harmersbach
Tel. 07835 4 26 59 02
www.zeller-keramik.de

GROSSSTADT MIT ROMANTISCHEM HERZ

Freiburg ist wunderbar überschaubar. Das gilt für die gerade mal einen Quadratkilometer große Altstadt ebenso wie für die Gesamtstadt mit ihren 236 000 Einwohnern. Tendenz steigend, denn Freiburg zählt zu den Großstädten in Deutschland, die am schnellsten wachsen. Und das soll noch bis 2040 so weitergehen.

Allgemein

Nach der Gründung 1091 erhielt Freiburg 1120 Marktrecht. Unter dem Motto „900 Jahre jung" wollte die Stadt 2020 ihr Jubiläum feiern, musste aber pandemiebedingt die Feierlichkeiten unterbrechen und setzte sie 2021 fort. Im Zentrum entstand ab 1200 das Münster (1513 vollendet). 1218 starb mit Herzog Berthold V. der letzte schwäbische Zähringer und hinterließ seinem Neffen, Graf Egino von Urach, die Herrschaft Freiburg. Beim Ausbau der Stadt im 13. Jh. entstanden die sogenannten Freiburger Bächle (1246); in ihnen floss vor allem Löschwasser und Wasser für Tiere und Gewerbe. 1368 lösten sich die Freiburger vom ungeliebten Haus Urach und begaben sich unter den Schutz der Habsburger. Erzherzog Albrecht VI. stiftete 1457 die Freiburger Universität. Nach heftigen Kämpfen im Dreißigjährigen Krieg kamen 1677 die Franzosen des Sonnenkönigs, Ludwigs XIV. Freiburg wechselte mehrfach zwischen Frankreich und Österreich, bis die Stadt 1805 Teil des von Napoleon geschaffenen Großherzogtums Baden wurde. Bischofssitz ist die Zähringergründung seit 1821. Mitte des 19. Jh. begann die Industrialisierung: 1845 war

Erfrischung mitten in der Stadt: die Bächle (oben links); Markt auf dem Münsterplatz (oben rechts); Blick vom Münster aufs Geschehen (unten)

Tipp

Marktgenüsse

Vielleicht ist Stefans Käsekuchen wirklich der beste – angesichts der langen Schlangen an seinem Verkaufsstand beim Wochenmarkt am Münsterplatz mag man es gerne glauben. Wenn man den Kuchen isst, weiß man es (www.stefans-kaesekuchen.de; Di.–Sa. 7.30 bis 14.00 Uhr).
Als jüngster Marktbeschicker auf dem Münstermarkt startete einst Ireneus Frost, der sonnenverwöhnte Früchte zu Marmeladen, Sirup, Senf oder Essig verarbeitet und stets Kostproben bereithält (www.ireneus-frost.de; Di., Do.–Sa. 7.30–14.00 Uhr).

der Bahnhof an der Eisenbahnlinie Offenburg–Freiburg fertig, die Gasfabrik wurde eröffnet und die Stromversorgung eingeführt. Am 27. November 1944 starben 3000 Menschen bei einem alliierten Bombenangriff, der die Altstadt zerstörte. Nach dem Wiederaufbau macht sich Freiburg seit 1984 vor allem als ökologisch geprägte Stadt einen Namen.

INFORMATION

Tourist Information, Rathausplatz 2–4
79098 Freiburg, Tel. 0761 38 81 88 0
www.visit.freiburg.de

Sehenswert

Über die Schwabentorbrücke im Südwesten der Altstadt nähern sich die Besucher aus dem Schwarzwald und alle, die die Autobahnausfahrt Freiburg-Mitte nehmen. Vermutlich überspannte an dieser Stelle schon im 11. Jh. eine Brücke die Dreisam, da sich im Quartier **Oberlinden,** direkt beim ❷ **Schwabentor,** alle aus

dem Osten und Süden kommenden Handelsstraßen trafen – die Salzstraße erinnert mit ihrem Namen daran. Auf der Innenseite des Schwabentors (um 1200; 1901 von 25 m Höhe auf 65 m aufgestockt) ist seit dem 16. Jh. ein schwäbischer Salzkaufmann zu sehen, auf der Außenseite seit 1903 der hl. Georg, Patron der Stadt. Die tiefen Keller der Häuser in diesem Gebiet stammen noch aus der Zeit der Stadtgründung. Hier steht auch Deutschlands vermutlich ältestes Gasthaus, das seit 1387 nachweislich bewirtschaftete **Zum Roten Bären** (Oberlinden 12).
Kurz hinter dem Schwabentor biegt rechts die mit Glyzinien überspannte **Konviktstraße** ab. Die beispielhaft sanierte Gasse mündet an ihrem Ende in die Schoferstraße mit der **Münsterbauhütte** rechts und dem **Erzbischöflichen Ordinariat** links, einem neuromanischen Gebäude (1903) mit reicher Steinornamentik und einem prachtvoll ausgemalten

Treppenhaus. An der **Herrenstraße** stößt man auf den Hauptkanal der Bächle, das Gebäude der historischen Münsterbauhütte, heute ein Souvenirladen, und die Rückseite des berühmten ❶ **Münsters** **TOPZIEL**. An Vormittagen kann man wählen, ob man rechts über den Bauernmarkt oder links über den Markt der Händler gehen möchte, um zum Münsterportal zu gelangen. Der Bau wurde 1200 begonnen und 1218 nach dem Aussterben der Zähringer von der Bürgerschaft weiterfinanziert. An die spätromanischen Ostteile schließen sich das gotische Langhaus und der filigrane Westturm (1330) mit seiner für die damalige Zeit sensationellen Architektur an. Zwischen 1354 und 1513 entstand der spätgotische Chor, mit dem der Münsterbau vollendet wurde. Dass dies ein Münster der Bürger war, erkennt man auf den farbigen Fenstern, auf denen die Zünfte ihren Platz gefunden haben. Den Hochaltar gestaltete Hans Baldung Grien. Der Figurenzyklus in der Turmvorhalle zeigt biblische Szenen und die Darstellung der Freien Künste. Außerhalb der Halle finden sich an der Wand Brotmaße, die dokumentieren, wie lange hier schon ein Markt abgehalten wird.

Auf der Südseite des Münsters steht das **Historische Kaufhaus** (1532), mit seiner leuchtend roten Fassade eine der meistfotografierten Sehenswürdigkeiten Freiburgs. Hier mussten alle auswärtigen Kaufleute ihre Waren registrieren lassen, schließlich waren Zölle eine wichtige städtische Einnahmequelle. Die Erker an den Ecken mit den spitzen Helmen, gedeckt mit glasierten Ziegeln, sind aufwendig gestaltet. Die Wappen zeigen habsburgische Herrschaftsgebiete, die nahezu lebensgroßen Figuren Kaiser Maximilian I., König Philipp den Schönen, Kaiser Karl V. und Kaiser Ferdinand I. Von 1947 bis 1951 Sitz des Länderparlaments von Südbaden, ist das Kaufhaus heute Veranstaltungsort.

Das unmittelbar benachbarte **Haus Zum schönen Eck** wurde 1761 vom Rokokomaler, -bildhauer und -architekten Johann Christian Wentzinger (1710–1797) erbaut. Das für die damalige Zeit mit Malerei und Skulpturen ungewöhnlich reich geschmückte Haus ist heute Museum für Stadtgeschichte. Zu einer Pause lädt die **Alte Hauptwache** (1733), heute Haus der Badischen Weine mit (fast) ganzjährig geöffneter Terrasse. Die parallele **Schusterstraße** lässt bis heute erkennen, warum sie so heißt: Hier reihen sich die Schuhgeschäfte.

Die ❹ **Kaiser-Joseph-Straße** – kurz „Kajo" genannt – ist die Hauptachse der Fußgängerzone und war im Mittelalter der zentrale Markt. Ihre Arkaden entstanden aber erst nach 1945. Richtung Norden kommt man zum **Basler Hof** (Urspr. 15. Jh.), während der Reformation Exil für das Basler Domkapitel und heute Sitz des Regierungspräsidiums Freiburg. Die Schiffstraße verbindet mit dem neu gestalteten Stadtquartier **Unterlinden**.

Den Weg zum ❺ **Alten Rathaus** nimmt man am besten über die Franziskanergasse mit dem **Haus zum Walfisch** mit prächtigem spätgotischen Portalerker. Erasmus von Rotterdam, 1529 durch die Reformation aus Basel vertrieben, wohnte hier zwei Jahre. Das Alte

Jogger auf der Blauen Brücke (oben links); Solarsiedlung im Vaubanviertel (oben rechts); Aristoteles am Universitätsportal (unten)

Rathaus, 1557–1559 aus mehreren Häusern zusammengefügt, beherbergt die Tourist Information. Das **Neue Rathaus** etwas südl. war urspr. ein Doppelhaus aus der Renaissance. Gegenüber liegt das ehem. **Franziskanerkloster** (Urspr. 13. Jh.); das Brunnendenkmal (1855) auf dem Platz zeigt den Freiburger Franziskaner und Alchemisten Berthold Schwarz, der um 1360 das Schießpulver erfunden haben soll. Die Universitätsstraße führt zu drei Kollegiengebäuden der geisteswissenschaftl. Fächer. Am Kreuzungspunkt von Bertoldstraße, „Kajo" und Salzstraße steht der den Zähringern gewidmete **Bertoldsbrunnen** (1965), Dreh- und Angelpunkt aller Straßenbahnen in Freiburg. In Sichtweite erhebt sich das ❹ **Martinstor** (Urspr. 13. Jh.; 1901 von 22 m auf 66 m Höhe aufgestockt), das die Stadt nach Süden hin abgrenzte. Wenige Gehminuten westl. befindet sich die **Universitätsbibliothek.** Hinter dem Tor liegen linker Hand die **Gerberau** und die **Fischerau**, alte Handwerkerviertel mit vielen Läden und Cafés. Über den **Augustinerplatz** oder den idyllischen **Adelhauser Platz** und die **Insel** kommt man zurück zum Schwabentor.

Museen

Das ansprechend gestaltete ❸ **Augustinermuseum** in einer ehem. Klosterkirche (14. und 18. Jh.) zeigt Oberrheinische Kunst vom Mittelalter bis zum 19. Jh. Im Mittelpunkt stehen Originalfiguren und Fenster vom Freiburger Münster (Augustinerplatz, www.freiburg.de; Di.–So. 10.00–17.00, Fr. bis 19.00 Uhr). In unmittelbarer Nachbarschaft liegt das **Museum Natur und Mensch** zu Erdgeschichte, Mineralien und biologischen Lebensräumen (Gerberau 32, www.freiburg.de; Mi.–So. 10.00 bis 17.00, Di. bis 19.00 Uhr). Kunstwerke des 20. und 21. Jh. sind im ❸ **Museum für Neue Kunst** zu sehen (Marienstr. 10a; www.freiburg.de; Di.–So. 10.00–17.00, Do. bis 19.00 Uhr). Glanzstück des ❶ **Museums für Stadtgeschichte** ist ein Modell der Münsterbaustelle aus den Jahren um 1300 (Münsterplatz 30; www.freiburg.de; Di.–So. 10.00–17.00 Uhr). Unbedingt besuchen sollte man die Alamannen-Schatzkammer im Untergeschoss des ❻ **Archäologischen Museums** im neugotischen Colombischlössle (1861; Rotteckring 5, www.freiburg.de; Di.–So. 10.00–17.00, Mi. bis 19.00

Uhr). Der Geschichte der Fastnacht von ihren mittelalterlichen Ursprüngen bis zu alemannischen Formen und den heutigen Freiburger Figuren ist das ❼ **Fasnetmuseum** im Zunfthaus der Narren gewidmet (Turmstr. 14, www.breisgauer-narrenzunft.de; Sa. 10.00–14.00 Uhr).

Erleben

Musik spielt beim **Zelt-Musik-Festival** (www.zmf.de) und dem **Ebneter KulturSommer** (www.ebneter-kultursommer.de) eine herausragende Rolle. Weinfreunde treffen sich beim **Weinfest** im Juli auf dem Münsterplatz. Das ❽ **Lorettobad** ist das einzige Freibad nur für Damen in Deutschland. Davon abgetrennt befindet sich ein Familienbad (Lorettostr. 51a; Mitte Mai–Mitte Sept. tgl. 10.00–20.00 Uhr).

Hotels & Restaurants

Das €€€ **Colombi** ist als Hotel und Restaurant erstes Haus am Platz. Landestypische Gerichte werden in gemütlichen Stuben serviert (Rotteckring 16, www.colombi.de). Neben dem Münster in der Abendsonne sein Viertele, eine frische Schwarzwaldforelle oder ein Schäufele mit Kartoffelsalat zu genießen, das geht in €€ **Oberkirchs Weinstuben**. Im Winter zieht man sich mit einem guten Rotwein an den Kachelofen zurück. Und wenn es spät wird, kann man dort auch übernachten (Münsterplatz 22, www.hotel-oberkirch.de). Polierte Holztische, hohes Gewölbe und eine Karte, die in Erinnerungen an Omas Kochkünste schwelgen lässt: €€ **Omas Küche** im akademisch-ökologisch geprägten Stadtteil Wiehre ist ein Platz für hungrige und durstige Gäste, wo es sich gut sein lässt; im Sommer hat die Terrasse schat-

tige Plätze unter alten Kastanien (Hildastr. 66, Tel. 0761 7 86 86, www.omas-kueche.de).

Einkaufen

Für den **Markt auf dem Münsterplatz** sollte man Zeit einplanen. Auf der Nordseite des Münsters bieten Bauern aus der Region Obst, Gemüse und eigene Erzeugnisse an. Mit einer roten Münsterwurst in der Hand kann man auf die Südseite schlendern, wo z. B. der Kräuterhof vom Kaiserstuhl seine Produkte anbietet. Kleine Läden, Werkstätten, Restaurants und Cafés sind in der **Konviktstraße**, in der **Gerberau** und der **Fischerau** zu finden. Die **Kaiser-Joseph-Straße** gleicht mit vielen Filialisten den Hauptstraßen anderer Großstädte.

Umgebung

In einer guten halben Stunde sind die Freiburger auf ihrem Hausberg, dem **10 Schauinsland** (1284 m), und damit mitten im Schwarzwald. Die kurvenreiche Straße auf den Gipfel galt einst als eine der schönsten Bergrennstrecken Europas. Den direkten Weg auf den Gipfel nimmt die **Schauinslandbahn**. Bei der Eröffnung 1930 galt die Bahn als technische Sensation, da sie weltweit die erste Seilbahn im Umlaufverfahren war (Bohrerstr. 11, 79289 Horben, www.schauinslandbahn.de; Juli–Mitte Sept. tgl. 9.00–18.00, sonst tgl. 9.00 bis 17.00 Uhr, während Revisionszeiten im Frühjahr und Herbst geschl.). Eine Technikführung lässt hinter die Kulissen blicken (Anm. Tel. 0761 4 51 17 77; Treffpunkt Wartehalle Bergstation, So. 15.00 Uhr). Das **Museumsbergwerk** macht deutlich, weshalb die Einheimischen den Schauinsland auch „Erzkasten" nennen, aus dem die Vorfahren Silber, Blei und Zink herausholten (drei unterschiedlich lange Führungen, Juli–Mitte Sept. tgl. 11.00–15.30, Mai–Nov. Mi., Sa., So., Fei. 11.00–15.30 Uhr).

FREIBURG DOPPELT GENIESSEN

Auf dem Markt rund ums Münster kann man Zwiebeln vom Kaiserstuhl genauso gut kaufen wie Schinken aus der Toskana. Vielleicht fällt die Wahl nach einer Probiertour leichter – einer von mehreren Stadtführungen, die vielfältigen Genuss bieten.

Hier eine Kostprobe, dort ein Gläschen Gutedel. Dazwischen Geschichten aus Freiburg hören und kurz ein paar Worte mit einem der Marktbeschicker wechseln. Die Probiertour über den Bauernmarkt rund ums Freiburger Münster, die „Freiburgerleben" von März bis Oktober samstags anbieten, beginnt um 11.30 Uhr am Rathausplatz. Zwei Stunden später ist man wohlig satt und weiß einiges mehr über Stadt und Leute. Von April bis Oktober bietet

Auf dem Münsterplatz von Freiburg herrscht täglich buntes Treiben.

Barbara Schneider für Frühaufsteher eine Frühstückstour über den Münstermarkt an und bringt ihre Gäste mit Marktmeister und Marktbeschickern ins Gespräch.

An manchem Samstag kann man am Nachmittag eine Weinführung anschließen und mit mehreren Kaiserstühler Weinen ausprobieren, wie man das mit dem „Sürpfle" hinbekommt. So soll der Wein nämlich getrunken werden. „Sürpfle" kann man mit „schlürfen" übersetzen, aber das klingt so sehr nach Suppe. Vielleicht trifft „genussvoll verkosten" den Inhalt dieses kleinen alemannischen Wortes besser. Und was macht man dann am Abend? Essen gehen? Aber wohin angesichts der vielen guten Lokale? Das Flying Dinner nimmt die Entscheidung ab. Durch Freiburgs Gassen schlendert man von Gang zu Gang eines badischen Menüs.

Markgräfeerland · Kaiserstuhl

*

EIN KLIMA ZUM WOHLFÜHLEN

*

Auf den Bergen des Schwarzwalds liegt noch Schnee, doch im Markgräflerland und am Kaiserstuhl sitzt man schon längst auf der Sonnenterrasse bei Kaffee oder Wein. Das milde, fast mediterrane Klima in Deutschlands wärmster Region beeinflusst nicht nur das Wachstum von Reben und Spargel, sondern auch das Lebensgefühl der Menschen.

Mit der im Jahr 1954 errichteten Ölbergkapelle bei Ehrenkirchen wird der Kriegstoten gedacht.

Burkheim gehört zu den ältesten Weinbaugemeinden am Kaiserstuhl.

Der Kaiserstuhl war vor der Schaffung landschaftsverändernder Großterrassen in den
1970er-Jahren für seine vielen Hohlwege bekannt: Eichgasse bei Bickensohl.

Am Nordwesthang des Kaiserstuhls liegen die Weinberge von Jechtingen.

Ein großer Stuhl weist weithin sichtbar auf die Lage „Leiselheimer Gestühl" hin. Leiselheim liegt im nördlichen Kaiserstuhl.

Durch die Burgundische Pforte kommt die Luft des Mittelmeers über das Rhônetal hinauf ins Markgräflerland und an den Kaiserstuhl. Im Sommer kann es hier deshalb so richtig heiß werden. In fast mediterranem Klima leben die Menschen in Ihringen, im Süden des Kaiserstuhls. Mit einer jährlichen Durchschnittstemperatur von mehr als 11 Grad ist das Dorf immer wieder als wärmster Ort Deutschlands in den Meldungen. Bis zu zwei Wochen sind die Ihringer Trauben dank Vulkangestein, mildem Klima und vielen, vielen Sonnenstunden gegenüber dem Norden des Kaiserstuhls im Vorteil.

NACH DEM RÖMISCH-DEUT-SCHEN HERRSCHER OTTO III. — 994 HATTE ER IN SASBACH EINEN GERICHTSTAG ABGE-HALTEN — SOLL DER KAISER-STUHL BENANNT SEIN.

INSEL IM OBERRHEINGRABEN

Wie eine Insel liegt der Kaiserstuhl im Rheintal, zwischen den Höhen des Schwarzwalds und der Vogesen. Als sich der Oberrheingraben vor Millionen Jahren absenkte, blieb der ältere östliche Teil des Kaiserstuhls stehen. Den westlichen Teil ergänzten vulkanische Aktivitäten. Vermutlich war das rund 560 Meter hohe Mittelgebirge einst deutlich höher. Die Stürme der Eiszeit haben nicht nur Gestein abgetragen, sondern dem Kaiserstuhl auch eine neue Schicht zugetragen. Ein überaus fruchtbarer Löss, also Staub aus der Gesteinsverwitterung der Randgebirge, wurde angeweht und sammelte sich in windabgewandten Lagen bis zu einer Höhe von eindrucksvollen 60 Metern.

Diese erdgeschichtlichen Besonderheiten machen den Kaiserstuhl zu einem Paradies für Wissenschaftler, aber auch

Seit dem 12. Jahrhundert krönt die im Dreißigjährigen Krieg
zerstörte Burg den Staufener Schlossberg.

Vor der Rheinregulierung brandete der Fluss an Breisachs Münsterberg. Tief unterm
Münsterberg reifen die Schaumweine der Privatsektkellerei Geldermann.

Der Marktbrunnen am Rathaus bildet das Zentrum der Staufener Altstadt.

Aus Lindenholz wurde der spätgotische Altar des Breisacher Münsters geschnitzt.

Europa-Park Rust

Special

Loopings über Europa

Für 3,5 Minuten Nervenkitzel eine Stunde und mehr warten? Für Freunde der schnellen Bahnen im Europa-Park ist das keine Frage.
Wodan, Silver Star, Blue Fire oder Euro-Mir – alles nichts für schwache Nerven in Deutschlands größtem Freizeitpark in Rust. Doch unter den rund 100 Attraktionen und Shows ist auch vieles, was weniger Wagemutige begeistert. Das Programm kann man sich vor der Anreise im Internet zusammenstellen, sodass die Zeit optimal ausgenutzt ist, denn schließlich kostet ein solcher Besuch durchaus eine Kleinigkeit. Allerdings sind mit dem Eintritt auch sämtliche Fahrgeschäfte bezahlt.

Die Ursprünge des Parks liegen Ende des 18. Jahrhunderts in Waldkirch, wo die Familie Mack Wagen baute, später Basis von Karussellwagen, Achter- und Geisterbahnen der findigen Schwarzwälder. Die Idee, einen Freizeitpark zu bauen, brachten

Silver Star: mit 130 km/h unterwegs

Franz Mack und sein Sohn Roland 1972 von einer USA-Reise mit. 1975 eröffneten sie den Europa-Park, der im ersten Jahr 250 000 Besucher anzog – 2022 waren es mehr als 6 Millionen Menschen. 80 Prozent der Gäste kommen nicht das erste Mal in den Freizeitpark, und immer mehr nutzen eines der sechs Themenhotels für einen längeren Aufenthalt. Ende 2019 hatte „Rulantica", eine Wasserwelt auf rund 40 000 Quadratmetern, eröffnet.

für die ganz „normalen" Urlauber. Was es hier bei einer Wanderung zu entdecken gibt, ist so vielfältig, dass es gleich acht Themenwege durch den Kaiserstuhl gibt, plus zahlreiche Pfade zu den lokalen Besonderheiten. So verläuft der 16 Kilometer lange Bienenfresserpfad längs durch den Kaiserstuhl von Königsschaffhausen nach Ihringen. Am besten geht man ihn, wenn es heiß ist, denn dann zeigen sich die Bienenfresser mit Vorliebe. Diese bunten Vögel, die ursprünglich in Südeuropa beheimatet waren, zieht es im Winter zwar immer noch in den Süden der Sahara, aber seit fast 30 Jahren suchen sie regelmäßig Brutgebiete am Kaiserstuhl und Tuniberg auf. Mit ihrem Schnabel hacken die Koloniebrüter Nisthöhlen in den lockeren Löss, in dem oftmals gleich nebenan ihre Leibspeise – Bienen, Wespen und andere größere Insekten – zu finden ist.

SEIT JEHER KULTURLANDSCHAFT

Der Kaiserstuhl war früh besiedelt, und wegen der sonnenverwöhnten Lage versuchten es schon die Römer mit dem Weinanbau. Heute findet man vom Landwein bis zum Spitzentropfen alle Qualitätsstufen in der Region, vor allem aber Blauen Spätburgunder, gefolgt vom Grauen Burgunder. Rebsorten, die auch

Bürgeln, beliebt auch als Hochzeitsschloss, ist eine gastliche Stätte hoch über dem Rheintal.

Wem nach den zierlichen Kirschblüten der Sinn nach robustem Mauerwerk und Weitblick steht, ist auf der Burg Rötteln in Lörrach richtig.

Ein alljährlicher Traum in Zartweiß ist die Kirschblüte des Eggener Tals.

IM MARKGRÄFLERLAND REIHEN SICH ZEUGEN AUS 2000 JAHREN EREIGNISREICHER GESCHICHTE.

Im VitraHaus von Herzog & de Meuron sind Klassiker und modernste Entwürfe des für modernes Design weltbekannten Möbelherstellers Vitra in Weil am Rhein zu sehen. Und das täglich.

Das Vitra Design Museum gehört zu den herausragenden Ausstellungsorten dieser Art. Es wird die Geschichte des Designs präsentiert und sein Einfluss auf Architektur, Kunst und Alltagskultur dargestellt.

Im VitraHaus kann der eigene Geschmack wunderbar
auf die Probe gestellt werden.

**DER NAME VITRA STEHT
SEIT JAHRZEHNTEN FÜR
NACHHALTIGE QUALITÄT UND
KREATIVE FUNKTIONALITÄT.**

im Markgräflerland gut wachsen. Allerdings reift dort vor allem eine Traube, die in Deutschland sehr selten ist: der Gutedel, den 1780 Markgraf Karl Friedrich von Baden eingeführt hat.

Zur etwa gleichen Zeit stießen die Markgräfler auf ein anderes Erbe der Römer: die Badekultur. Heiße und kalte Bäder, Duschen, Massagen, Schwitz- und Gymnastikräume, Plätze zum Ausruhen – die Römer schätzten ein umfassendes Wellnessprogramm, dem man in der römischen Badruine in Badenweiler nachspüren kann. Für die Ausübung römischen Badelebens, verbunden mit Wohlfühlangeboten der Moderne, muss man in die Cassiopeia Therme gehen. Sie ist das Zentrum des Badeortes, der nie so mondän war wie Baden-Baden, aber viele Künstler anzog. Zu den Literaturtagen im Herbst finden sich auch heute die großen Namen der Szene ein.

RISSE IN STAUFEN

Eine Figur, die Schriftsteller bis hin zu Goethe immer wieder faszinierte, ist die des Doktor Faustus. In Staufen soll er seine alchemistischen Experimente betrieben haben, weil die Burgherren Gold nicht mühsam suchen, sondern herstellen wollten. Vermutlich ist der Magier und Gelehrte dabei in die Luft geflogen oder er wurde 1539 eben von Mephisto-

pheles geholt, wie es die Sage will. Das „Gasthaus Löwen", in dem Faust gewohnt haben soll, blieb damals stehen. Heute zieht sich ein Riss über die Fassade. Und nicht nur beim „Löwen". An zahlreichen Gebäuden der Innenstadt klaffen Risse. Sie sind Folge von Bohrungen, die bis zu 140 Meter in die Tiefe reichen, um Erdwärme zu nutzen. Womit niemand gerechnet hat: Wegen baulicher Mängel trat Grundwasser in darüber liegende Gipsschichten ein und hat eine unterirdische Quellung ausgelöst. Die Stadt wurde zeitweise um einen Zentimeter pro Monat angehoben und wird noch weiter in die Höhe gehen, wenn auch das Ende der „Bergfahrt" absehbar zu sein scheint.

ARCHITEKTUR DER SPITZENKLASSE

Alle, die sich für Architektur und Design interessieren, zieht es zum Möbelhersteller Vitra in Weil am Rhein. Das Vitra Design Museum war das erste Gebäude des amerikanischen Architekten Frank O. Gehry in Europa. Die aktuelle Produktion von Design-Klassikern und -Neuheiten wird in einem spektakulären Bau der Schweizer Architekten Herzog & de Meuron präsentiert. Die Entwicklung des Möbeldesigns ab 1800 zeigt Vitra seit Sommer 2016 im Schaudepot, ebenfalls ein Bau von Herzog & de Meuron.

Weinbau

MIT LEIDENSCHAFT AM WERK

Wer beim Wein nur zweierlei kennt – Rot oder Weiß –, der sollte unbedingt ein paar Tage am Kaiserstuhl, Tuniberg oder im Markgräflerland verbringen. Hinter Rot und Weiß erwarten ihn viele weitere wunderbare Tropfen. Und die können selbst Weinkenner noch überraschen.

Lange Zeit konnte das Weinland Baden bei den Rotweinen nicht ganz so hoch punkten wie bei den Weißen, obwohl die Bedingungen für die Spätburgundertraube gerade am Kaiserstuhl und im Markgräflerland hervorragend sind. Deutsche Rotweinfreunde süffelten einfach lieber französische Tropfen. Die junge Winzergeneration scheint allerdings nun mehr und mehr den Geschmack der Kunden zu treffen. Auch das Urteil der Preisrichter bei den großen Weinverkostungen hat den Ruf des badischen Spätburgunders enorm verbessert.

Qualität ist das Leitmotiv der Winzer im drittgrößten deutschen Weinanbaugebiet. Wegen seines milden Klimas gehört Baden als einzige deutsche Weinbauregion zur Weinbauzone B der Europäischen Union. Dieser Vorteil gegenüber anderen Weinbauregionen Deutschlands hilft den badischen Winzern, ihr Leitmotiv mit Leben zu füllen. Wer einmal einem Winzer zugehört hat, der von seinen Weinen, seinen Reben, von Korken und Fässern erzählt, der weiß, welche Leidenschaft für den Wein die Menschen in dieser Region umtreibt. Nur deshalb können die Winzer Rückschläge in der Ernte durch Hagel oder Frost verkraften, können sie bei Eiseskälte im Weinberg arbeiten. Neben der Begeisterung brauchen sie aber auch Geduld und Fingerspitzen-

gefühl. Am Ende schmeckt der Weinfreund, ob jemand das richtige Händchen hatte.

Qualität war schon ein Leitmotiv für Markgraf Karl Friedrich von Baden, der im 18. Jahrhundert die sortenreine Bepflanzung einer Rebfläche einführte. Zutaten, um den Wein zu schönen, wurden kurzerhand verboten. Und als er im Jahr 1783 noch die Leibeigenschaft in Baden aufhob, blühte die Weinwirtschaft auf, denn nun waren die Winzer von vielen erdrückenden Abgaben befreit. Zum Verkaufsschlager wurde ein Wein, dessen Rebe der Markgraf vom Genfer See mitgebracht hatte. Der Gutedel fand im Markgräflerland Temperaturen und Böden, die der empfindlichen Traube entsprechen.

EIN WEIN MACHT KARRIERE

Lange war der Gutedel der Schankwein schlechthin. Das typische Gutedelglas ist zwar dünnwandig und mit Reben und Trauben in feinem Schliff verziert, aber es ist eben ein Becher- und kein elegantes Stielglas. In den vergangenen Jahren haben allerdings immer mehr Winzer Ehrgeiz beim Gutedel entwickelt. Elegante Weine mit selten mehr als elf Volumenprozent Alkohol sind dabei herausgekommen, die spritzig und süffig sind und in ihrem Aroma die Nuss- und Mandelbäume vom Rand des Weinbergs mitbringen.

Der Inhalt der Fässer im Burkheimer Weingut Bercher wird einer Probe unterzogen. Die Reben am Kaiserstuhl und im Markgräflerland (hier am Fuß der Burgruine Staufen) werden vom Klima verwöhnt (linke Seite).

Flurbereinigt und damit leichter zu bearbeiten: Weinberge bei Durbach

Informationen

....

Das **Markgräfler Wiiwegli** führt in fünf Tagesetappen von Freiburg/St. Georgen nach Staufen (22,5 km), Sulzburg und Müllheim (19 km), Schliengen und Bad Bellingen (13 km), Ötlingen (25 km) und schließlich nach Grenzach-Wyhlen (12,5 km); www.schwarzwald-tourismus.info/touren/markgraefler-wiiwegli
Winzer und Weinfeste: www.badische-weinstrasse.de
Korkenzieher-Museum: Vogtsburg-Burkheim Mittelstadt 18, www.korkenzieher.de; März–Dez. Mi.–Sa. 11.00–18.00 Uhr
Weinetiketten ab 1811: Museum im Weingut Dr. Schneider, Müllheim-Zunzingen, Rosenbergstr. 10, www.schwarzwald-tourismus.info; Mo.–Sa. 14.00–17.00 Uhr

EINE LANDSCHAFT ZUM SCHWELGEN

Zwischen Schwarzwald und Vogesen scheint die Sonne intensiver als anderswo in Deutschland. Dieses mittelmeerähnliche Klima hat eine Genussregion entstehen lassen, in der nicht nur Trauben und Spargel prächtig gedeihen: den Kaiserstuhl und das Markgräflerland.

❶ Kaiserstuhl

Der Gebirgsstock, bekannt für Wein- und Obstanbau, ragt am Totenkopf 557 m auf.

SEHENSWERT

Schmucke Dörfer, sehr gute Weine und eine eindrucksvolle Küche lohnen den Besuch des Kaiserstuhls TOPZIEL.
Endingens Altstadt wird von der vorderösterreichischen Vergangenheit geprägt, die Häuser sind im Stil des Rokoko und Barock erbaut. Die Altstadt **Burkheims** steht unter Denkmalschutz. Kopfsteinpflaster, ein barockes Stadttor und das Rathaus im Renaissancestil erinnern an alte Zeiten in einer der ältesten Weinbaugemeinden (778 erwähnt), vor allem wenn man an einer Nachtwächterführung teilnimmt. Bedeutend ist in **Niederrotweil** die Wehrkirche St. Michael (Urspr. wohl 8. Jh.) mit einem Schnitzaltar des Meisters H. L., der auch den Altar im Breisacher Münster schuf (Ostern–Okt. tgl. 14.00–17.00 Uhr). Bei **Bickensohl** liegen die berühmten Lösshohlwege, erwanderbar ab der Winzergenossenschaft Bickensohl. In **Ihringen** erklärt das Naturzentrum Kaiserstuhl die geologischen, kulturgeschichtlichen und natürlichen Besonderheiten der Region (Bachenstr. 42, www.naturzentrum-kaiserstuhl. de; März–Okt. Mo. und Do. 10.00–12.00, Sa. 15.00–17.00 Uhr, Aug. Sa. geschlossen).

UMGEBUNG

20 km nördl. ist in Rust der **Europa-Park TOPZIEL** mit seinen zahlreichen Freizeitattraktionen zu finden (siehe auch „Special", S. 59; Europa-Park-Str. 2, www.europapark.de; Ende März–Anf. Nov. tgl. ab 9.00 bis mind. 18.00, Anf. Nov.–Anf. Jan. 11.00 bis mind. 19.00 Uhr).

INFORMATION

Kaiserstühler Verkehrsbüro
Adelshof 20, 79346 Endingen
Tel. 07642 68 99 90, www.endingen.de

Bürger- und Gästeinformation
Bahnhofstr. 20
79235 Vogtsburg-Oberrotweil
Tel. 07662 9 40 11
www.vogtsburg.de

Baumriesen im Arboretum Liliental (oben links); Blick auf Bickensohl am Kaiserstuhl (oben rechts); Kandertalbahn unter Dampf (unten)

❷ Breisach

Seit der Steinzeit siedelten Menschen hier am Rhein. Von den unterschiedlichsten Herren sehr begehrt, wurde die Stadt (15 800 Einw.) immer wieder zerstört, im Zweiten Weltkrieg zu 85 %. Wahrscheinlich sprachen sich die Breisacher 1950 deshalb so entschieden dafür aus, Europastadt zu werden.

SEHENSWERT

Zwischen 1523 und 1526 schuf der Meister H. L. den Schnitzaltar des **Breisacher Stephansmünsters** (Urspr. 12. Jh.). Das Jüngste Gericht auf der Westwand malte Martin Schongauer bis 1491 (Mo.–Sa. 9.00 bis 17.00 Uhr). Nicht verpassen: einen Besuch in der **Privatsektkellerei Geldermann** (siehe „Unsere Favoriten", S. 18).

INFORMATION

Breisach-Touristik, Marktplatz 16
79206 Breisach, Tel. 07667 94 01 55
www.tourismus.breisach.de

❸ Sulzburg

Das mittelalterlich geprägte Städtchen Sulzburg (2800 Einw.) liegt sehr schön zwischen Schwarzwald und Rheintal.

SEHENSWERT

Eingebettet in Wohnhäuser steht die ehem. **Synagoge** (1822), im 19. Jh. Zentrum einer großen jüdischen Gemeinde. Sie wurde in der Reichspogromnacht 1938 innen verwüstet, aber nicht niedergebrannt, weil die Bebauung hier sehr dicht ist (Gustav-Weil-Str. 18, jeweils 1. und letzter So. im Monat 16.00–18.00 Uhr). Der jüdische **Friedhof** besteht seit Mitte des 16. Jh. (Badstr.). Die ottonische Kirche des ehem. Benediktinerinnenklosters **St. Cyriak** ist eine der ältesten Deutschlands (erstmals 933 erwähnt); sie fasziniert durch ihre

Schlichtheit (Klosterplatz, www.sankt-cyriak.
de; tgl. 9.00–18.00 Uhr, im Winter kürzer).

MUSEEN

Das **Landesbergbaumuseum** zieht um und
ist bis auf unbestimmte Zeit geschlossen. Der
Bergbaupfad, der in der Ortsmitte startet,
informiert aber weiterhin an 15 Stationen über
die Bergbaugeschichte Sulzburgs.

UMGEBUNG

Überragt wird **Staufen** vom Schlossberg mit
dem 1248 erwähnten ehem. Sitz der Freiherren
von Staufen – seit der Zerstörung im Dreißigjährigen Krieg (1633) eine Ruine mit bester
Fernsicht. Die Altstadt steht unter Denkmalschutz. Eine Hafner-Werkstatt von 1898 kann
im Keramikmuseum besichtigt werden (Wettel-
brunner Str. 3, www.landesmuseum.de/
weitere-standorte/keramikmuseum-staufen;
Feb.–Nov. Mi.–Sa. 14.00–17.00, So. ab 12.00
Uhr). Der Geschichte Staufens widmet sich das
Stadtmuseum im Rathaus (Hauptstr. 53; Mo.
8.00–12.00, 14.00–18.00, Di.–Fr. 8.00–12.00, Di.
und Do. auch 14.00–16.30, So. 14.00–17.00
Uhr). Die Schätze der Region vergeistigt die
Alte Schwarzwälder Hausbrennerei Schladerer
zu edlen Tropfen. Das kann man auch schmecken (Alfred-Schladerer-Platz 1, www.schlade
rer.de; Führungen April–Okt. Mi. 10.00 Uhr,
Anm.: Tel. 07633 8 32 57). Der Kurort **Bad Krozingen** ist für seine Herzkliniken und das Ther-
malbad bekannt (Vita Classica, Herbert-Hell-
mann-Allee 12, www.bad-krozingen.info/
Vita-Classica; Mo.–So. 8.30–22.00 Uhr).

INFORMATION

Tourist-Information, Hauptstr. 60
79295 Sulzburg, Tel. 07634 56 00 40
www.sulzburg-tourismus.de

Tipp

Wegweiser zur Strauße

In der Strauße schmeckt es eigentlich
immer. Bauernwürste mit Kartoffelsalat,
Flammkuchen aus dem Holzofen,
Wurstsalat, Bratkartoffeln und Biblis-
käs' – bodenständige Küche servieren
diese Gasthäuser auf Zeit und dazu
hauseigene Weine. Da sie nur 16 Wochen im Jahr öffnen, braucht man einen
Strauße-Führer, um zu wissen, was es
wann wo zu essen gibt. Diesen bekommt man in örtlichen Buchhandlun-
gen oder im Internet. Die „Badische
Zeitung" bietet eine kostenpflichtige
Strauße-App. Und wenn man vor Ort
einen bunt geschmückten Besen sieht,
weiß man, man ist angekommen.

www.straussen-kalender.de
App: www.bz-straussenfuehrer.de

*Burg Rötteln bei Lörrach (oben links); Baden-
weilers moderne Cassiopeia Therme (oben
rechts) und ihr römischer Vorgänger (unten)*

④ Müllheim

Das geografische Zentrum (19 400 Einw.) des
Markgräflerlands ist nach den einst sieben
Mühlen am Klemmbach benannt, in denen
Getreide und Öl gemahlen wurde. In Müllheim
sind rd. 5000 Soldaten der Deutsch-Französi-
schen Brigade stationiert.

SEHENSWERT

Im Zentrum stehen am Markgräfler Platz
das historisierende **Alte Rathaus** mit Uhren-
türmchen (1867), das barocke ehemalige
Amtshaus (1729) und die **Martinskirche**
(Urspr. 14. Jh.).

MUSEEN

Geologie, Archäologie, aber auch die Geschichte des Markgräflerlands sind Themen im
Markgräfler Museum im Blankenhornpalais.
Die Beletage vermittelt einen Eindruck, wie
großzügig ein wohlsituierter Weingutbesitzer
im 18. und 19. Jh. gelebt hat (Wilhelmstr. 7,
www.markgraefler-museum.de; Mi.–Sa. 14.00
bis 18.00, So. 11.00–18.00 Uhr). Von den Mühlen ist die **Frickmühle** aus dem 14. Jh. am
besten erhalten; sie beherbergt heute ein
Mühlenmuseum (Gerbergasse 74; April–Okt.
So. 15.00–17.00 Uhr, 1. und 3. So. mit Vorfüh-
rung).

INFORMATION

Tourist Information, Wilhelmstr. 14
79379 Müllheim, Tel. 07631 80 15 00
www.muellheim-touristik.de

⑤ Badenweiler

Bekannt ist Badenweiler (4500 Einw.) für seine
Therme und die einzigartige römische Bau-
ruine. Überragt wird der Traditionskurort von
der Burgruine Baden inmitten des Kurparks mit
herrlicher Aussicht über die Rheinebene.

SEHENSWERT

Im Kurpark liegt die **Burg Baden**, 1122 erwähnt (1678 zerstört) und zum Schutz des
Zähringer Silberbergbaus errichtet.

MUSEEN

1784 wurde die **römische Badruine TOPZIEL**
neben der Cassiopeia Therme beim Kurpark-

eingang freigelegt. Sie war vom 1. bis 3. Jh.
Zentrum der römischen Siedlung und ist dank
eines alles überspannenden Glasdachs bei
jedem Wetter zu besuchen (tgl. 10.00–19.00,
Nov.–März bis 17.00 Uhr). Als Pionier des modernen Dramas gilt Anton Tschechow (1860 bis
1904), der in Badenweiler starb; ihm und anderen Schriftstellern ist das **Literaturmuseum
Tschechow-Salon** gewidmet (Ernst-Eisen-
lohr-Str. 4, tgl. 10.00–17.00 Uhr).

ERLEBEN

Im **Park der Sinne** können alle Generationen
nach Herzenslust experimentieren, riechen,
mit Händen und Füßen fühlen und „Fernse-
hen" neu erleben (Parkplatz Ernst-Eisen-
lohr-Str. 27, dann kleiner Fußweg zum Park).

UMGEBUNG

Zigtausende Kirschbäume, meist von Hand
geerntet, säumen das **Eggener Tal** zwischen
Schliengen und dem Blauen (ab Mitte Feb.,
Blütentelefon 07631 80 15 17). Hoch über dem
Tal liegt **Schloss Bürgeln**. Das Rokokoschloss
mit Panoramablick ins Rheintal und auf die
Vogesen, an klaren Tagen bis in die Schweizer
Alpen, wurde 1762 als Propstei des Klosters
St. Blasien errichtet (www.schlossbuergeln.de;
Besichtigungen bei Führungen März–Mitte
Nov. tgl. 11.00, 12.00, 14.00, 15.00, 16.00, sonst
Sa., So. 14.00, 15.00, 16.00 Uhr, Jan. geschl.).
Ein hoher Mineralsalz- und Kohlensäuregehalt
zeichnet das Thermalwasser in **Bad Bellingen**
aus. In den Balinea Thermen kann jeder die
Wirkung am eigenen Körper spüren (Badstr. 14,
www.balinea.de; tgl. 10.00–22.00 Uhr).
Kandern ist bekannt für seine Töpferwaren für
den Alltag und in der Kunst. August Macke
(1887–1914) töpferte und malte hier in seiner
nach Bonn zweiten Heimat. Gebrauchs- und
Kunstkeramik zeigt das Heimat- und Keramikmuseum (Ziegelstr. 30, April–Okt. Do. 14.00 bis

16.00, So. 11.00–16.00 Uhr, www.museum-
kandern.de). 45 Min. dauert die Fahrt mit der
Kandertalbahn von Kandern nach Haltingen; die
Museumsbahn fährt unter Dampf (www.kander
talbahn.com; Mai–Mitte Okt. So.).

INFORMATION
Tourist-Information, Schlossplatz 2
79410 Badenweiler, Tel. 07632 21 89 60
www.badenweiler-tourismus.de

⑥ Lörrach

Die Kreisstadt (49 800 Einw.) hat in kurzer Zeit
den Wechsel vom Textilstandort zum Dienst-
leistungs- und Kulturzentrum in der RegioTri-
Rhena geschafft, zu der seit 2003 Südbaden,
die Nordwestschweiz und das südliche Elsass
gehören (www.tourismtrirhena.com).

SEHENSWERT
Die **Burgruine Rötteln** über dem Stadtteil
Haagen ist eine der größten Burgruinen
Badens. Über eine Zugbrücke gelangt man von
der Vor- in die Oberburg. Von dort herrlicher
Blick über Lörrach, das Wiesental und die
Schweizer Alpen (www.burgruine-roetteln.de;
Mitte März–Anf. Nov. tgl. 10.00–18.00, sonst Sa.,
So., Fei. 11.00–16.00 Uhr).

MUSEEN
Das **Dreiländermuseum** zeigt Exponate zur
Kulturgeschichte der Region und blickt auf
Gemeinsamkeiten und Unterschiede der drei
Nachbarländer Deutschland, Frankreich und
Schweiz (Basler Str. 143, www.dreilaender
museum.eu; Di.–So. 11.00–18.00 Uhr).

UMGEBUNG
Der 300 Jahre alte Schneiderhof in **Steinen**
(südöstl.) wurde zum Bauernhausmuseum
(Am Schneiderhof 6, www.bauernhaus
museum-schneiderhof.de; Ostern–Nov., nur mit
Führung So. 14.00 und 15.30 Uhr, Aug.–Nov.
1. Sa. Aktionstage). Das Vogelkundehaus im
Vogelpark Steinen informiert über die heimi-
sche Vogelwelt. Adler, Falken und Eulen fliegen
bei den Greifvogelvorführungen (Steinen-Ho-
fen, www.vogelpark-steinen.de; Ende März bis
Okt. tgl. 10.00–17.00 Uhr, Juli–Sept. länger). Die
Dreiländerbrücke über den Rhein bei **Weil am
Rhein** ist mit einer Stützweite von rund 230 m
und einer Länge von 248 m die längste freitra-
gende Fußgänger- und Radfahrerbrücke weltweit. Möbelhersteller Vitra stellt in zwei von
Stararchitekten geplanten Häusern aus (www.
design-museum.de; Architekturführungen tgl.
11.00, Fr.–So., Fei. sowie Juni–Aug. tgl. auch
14.00 Uhr, s. auch S. 63). Das Vitra Design Museum zeigt jährlich zwei Wechselausstellungen
sowie die aktuelle Produktion von Design-Klassikern und -Neuheiten (Charles-Eames-Str. 1,
Weil am Rhein, www.vitra.com/campus; tgl.).

INFORMATION
Tourist-Information, Basler Str. 170
79539 Lörrach, Tel. 07621 41 51 20
www.loerrach.de

PRACHTVOLLE NATURSCHÖNHEITEN

Sie sind die Stars im Blumenladen: Wenn man sie gut be-
handelt, zeigen sie üppige Blüten. Wild gewachsen am Wegesrand
und an sonnigen Hängen, entfalten Orchideen am Kaiserstuhl ihre
natürliche Schönheit.

Im Frühjahr sollte man bei Wanderungen am Kaiserstuhl seine
Augen auch Richtung Boden lenken – zu den schönen Blüten
der wilden Orchideen. Besonders üppig entfalten sie ihre Pracht
im Liliental bei Ihringen. Zwanzig Arten haben Botaniker dort
entdeckt, darunter Hundswurz, Knabenkraut, Bocksriemenzunge,
Frauenschuh und Ragwurz. Seit das Liliental 1957 zum forstwirt-
schaftlichen Versuchsgelände wurde, lassen sich vor allem auf
sonnengewärmtem Trockenrasen immer neue Arten nieder. Zudem wachsen hier in einem Arboretum Mammutbäume und
350 weitere Baumarten.

Wilde Orchideen blühen im Kaiserstuhl besonders reichlich im Liliental bei Ihringen.
Um sie zu entdecken, muss man mitunter genau hinschauen. Hauptblüte ist im Frühling.

Vier Rundwege beginnen beim „Gasthaus Lilienhof". Wer
etwas mehr vom Kaiserstuhl sehen will, bricht in Ihringen an der
Kaiserstuhlhalle auf und begibt sich auf den Neunlindenpfad,
einen der Themenwege, die das kleine Gebirge durchziehen.
Eine typische Lösshohlgasse führt auf den Lenzenberg, den süd-
lichsten Aussichtspunkt des Kaiserstuhls. Von dort geht es weiter
Richtung Neunlindenturm, wo man unterhalb ins Liliental ab-
biegt. Von nun an nimmt man den Knabenkrautpfad Richtung
Himmelburg und Martinshöfe. Nach einer Einkehr im Lilienhof
geht es beim unteren Weiher ins Mühlental und entlang dem
Schmerberg zurück zur Kaiserstuhlhalle.

Einkehr: Wandergaststätte „Zur Lilie" (Abfahrt von der L 114 auf
halber Strecke zwischen Ihringen und Wasenweiler), Lilienhof 5,
Tel. 07668 9 95 63 93, www.lilie-liliental.de; Mi.–So. 11.00–18.00 Uhr.
Die **Lehrpfade** im Liliental sind 2,3 km und 5,5 km lang; www.
kaiserstuhl.eu.

*

AUF DER HÖHE DER ZEIT

*

Kuckucksuhr, Schwarzwälder Kirschtorte, Bollenhut – solche Klischees lassen eine verstaubte Gegend erwarten. Doch weit gefehlt. Nicht nur die Kuckucksuhren sind bunter geworden, der Hochschwarzwald ist mit Elektromobilität, Kochkunst aus regionalen Zutaten und Sportangeboten im Einklang mit der Natur und auch sonst auf der Höhe der Zeit.

Bereits die Fahrt mit der Belchen-Seilbahn hinauf zum vierthöchsten Schwarzwaldgipfel ist ein Erlebnis.

Der Feldsee ist der größte Karsee des Schwarzwalds und zählt zu den herausragenden Naturschönheiten der Region. Er ist Ziel mancher Wanderung.

Der Titisee verlockt zum Bootsausflug. Wer mag, paddelt auch selbst.

Idyllisch gelegen und sehr beliebt: der „Raimartihof" in Feldseenähe.

Der Feldsee ist als trogförmiger Karsee des ehemaligen
Feldberggletschers ein Überbleibsel der Eiszeit.

»DIESE ERHABENEN WÄLDER
UND DIE EMPFINDUNGEN, DIE
SIE EINEM EINFLÖSSEN,
LASSEN SICH LETZTLICH
NICHT BESCHREIBEN.
EINE DIESER EMPFIN-
DUNGEN JEDOCH IST EINE
TIEFE ZUFRIEDENHEIT ...«

Mark Twain über den Schwarzwald, 1878

Der Schwarzwaldtourismus boomt wieder. Von Jahr zu Jahr steigt die Zahl der Gäste aus dem In- und Ausland. Sie bringen ihr Mountainbike mit oder ihre Wanderausrüstung, sie leihen sich ein E-Bike oder tummeln sich im Winter auf Skiern, Snowboards oder Schlitten. Das in früheren Zeiten so geschätzte „Autowandern" von der mittäglichen Schwarzwaldforelle über die nachmittägliche Schwarzwälder Kirschtorte zum abendlichen Vesper mit Schwarzwälder Schinken ist längst passé. Die typischen Spezialitäten kommen zwar nach wie vor auf den Tisch, aber auf dem Weg zu ihnen lassen sich die heutigen Schwarzwaldtouristen frischen Wind um die Nase wehen und beschränken sich nicht darauf, die Fensterscheibe ihres Autos herunterzulassen.

Nachhaltigkeit prägt heute den Tourismus im Schwarzwald. Das bedeutet Konzentration auf regenerative Energien, die Verarbeitung regionaler Produkte sowie die Nutzung des öffentlichen Personennahverkehrs. Bei rund 9000 Gastgebern bekommen Urlauber bei ihrer Ankunft die Konus-Gästekarte, mit der sie im Schwarzwald kostenlos Bus und Bahn fahren können. Dieses Konzept hat die Deutsche Bahn in Zusammenarbeit mit dem Bund für Umwelt und Naturschutz, dem Naturschutzbund NABU und dem Verkehrsclub Deutschland dazu bewogen, den Schwarzwald zum „Fahrtziel Natur" zu erklären – inklusive günstiger Angebote für die Anreise.

IMPOSANTE BAHNSTRECKEN

Schwarzwaldtourismus und Bahn waren schon immer eng verbunden. Nicht nur, dass die weltberühmte Kuckucksuhr einem Bahnwärterhäuschen ähnelt, ohne Bahn hätte es Ende des 19. Jahrhunderts keinen Tourismus im Schwarzwald gegeben. Im Jahr 1873 fuhr erstmals die Schwarzwaldbahn von Offenburg nach Singen. Seit 1887 bringt die Höllentalbahn Urlauber von Freiburg an den Titisee. Die Strecke übers Himmelreich durchs Höllental zählt mit neun Tunneln und dem 222 Meter langen Viadukt über die Ravennaschlucht zu den schönsten Bahnstrecken Deutschlands.

Mit dem Anschluss ans Schienennetz war es mit der Ruhe auf den einsam gelegenen Gehöften des Hochschwarzwalds vorbei. Gasthäuser, Pensionen und Hotels wurden gebaut, und immer mehr Menschen siedelten sich in der einst entlegenen Waldgegend an, kamen doch mit den Touristen auch Arbeit und ein gewisser Wohlstand in die Region. Wer heute an einem schönen Sommertag am Titisee steht, kann nur noch erahnen, wie ruhig es dort vor 150 Jahren war. Für

Die Thurnerspur bei St. Märgen gehört zu den bekanntesten und beliebtesten Langlaufloipen im Südschwarzwald.
Sie führt durch meist stille Wälder, über schöne Höhen und vorbei an verschneiten Schwarzwaldhöfen.

Nur wenige Kilometer von St. Märgen entfernt hat die rund
15 Kilometer lange Thurnerspur ihren Ausgangspunkt.

EINSTMALS EINE HARTE, ENTBEHRUNGSREICHE JAHRESZEIT, WIRD DER SCHWARZWALD-WINTER HEUTZUTAGE SEHNLICHST HERBEIGEWÜNSCHT.

die eher in sich gekehrten Hochschwarzwälder war es jedenfalls ein einschneidender Kulturwandel.

TOURISMUS UND NATURSCHUTZ

Heute ist der Tourismus ein starker Wirtschaftszweig rund um den „Höchsten", den 1493 Meter hohen Feldberg, der zu jeder Jahreszeit mehr oder weniger sportliche Gäste anzieht. Ein Problem für die Naturschützer? Nicht, wenn jeder sich an die Regeln hält und auf der Piste und den Wegen bleibt. Mit Information statt Konfrontation versuchen die Schwarzwald-Ranger, bei den Urlaubern das Gespür für die Natur zu wecken.

Der Feldberg, seit 1937 als Naturschutzgebiet ausgewiesen, bildet heute den Mittelpunkt des Naturparks Südschwarzwald, eines der größten in Deutschland. Das Haus der Natur zeigt, wie die eiszeitlich geprägte Landschaft entstanden ist, welche Tiere und Pflanzen dort ihre Heimat haben und wie die Landschaft genutzt wurde und wird. Doch keine Ausstellung kann so eindrucksvoll sein wie die von zahlreichen Wanderwegen durchzogene Natur selbst. Am meisten sieht und erlebt man auf der großen Rundtour des Feldbergsteigs (siehe „Unsere Favoriten", S. 30), vorbei an mehreren einladenden Hütten und zahlreichen Naturschönheiten.

MYSTISCHE BERGE

In aller Herrgottsfrühe – Schwarzwälder meinen damit die Zeit um den Sonnenaufgang – sei es oben am schönsten. Die Rede ist vom Belchen, dem eindrucksvollsten Aussichtsberg im Hochschwarzwald. Seine kahle Kuppe eröffnet Ausblicke in alle Himmelsrichtungen, besonders ergreifend, wenn sich die Sonne im Osten langsam erhebt oder abends jenseits des Rheintals versinkt. Für die Kelten hatte der Belchen, gute Fernsicht vorausgesetzt, sogar etwas Kultisches. Denn wenn die Sonne auf dem kahlen Schwarzwaldgipfel genau hinter dem Ballon d'Alsace, dem Elsässer Belchen, versinkt, ist (am 21. März) Frühlingsoder (am 23. September) Herbstanfang.

Die einstige Kultstätte der Kelten zählt heute zu den beliebtesten Zielen im Südschwarzwald. 1866 entstand unterhalb des Belchen-Gipfels das erste Rasthaus für müde Wanderer. Sein Nachfolger, 1899 fertiggestellt, ist seit 2001 nur noch zu Fuß oder mit der Seilbahn zu erreichen. Acht Personen können in den Kabinen, die ursprünglich für die Weltausstellung in Hannover 2000 entstanden, fast bis zum Gipfel schweben.

WIRTSCHAFTSZENTRUM KLOSTER

Wer von den Belchenhöhen in die Niederungen der Rheinebene zurückkehrt,

In Blickweite zum mystischen Belchengipfel (oben rechts) steht das Belchenhaus (oben links). Der Schluchsee ist auch für Angler ein beliebtes Ziel (unten links). In der Hexenlochmühle wurde Holz gesägt (unten rechts).

durchfährt das wunderschöne Münstertal mit dem Kloster St. Trudpert. Der Legende nach soll der Ire Trudpert Mitte des 7. Jahrhunderts im seinerzeit unwirtlichen Schwarzwald für eine kleine Klause gerodet haben. Als seine Knechte die Entbehrungen nicht mehr ertrugen, erschlugen sie den Missionar. Am Tatort sei daraufhin eine Quelle entsprungen, die zu einem Wallfahrtsziel wurde. Anfang des 9. Jahrhunderts fassten Benediktinermönche die Quelle ein und errichteten die heute so prächtige Klosteranlage.

Die Benediktiner waren die treibende Kraft bei der Kultivierung des Schwarzwalds. Sie gründeten auch die Klöster St. Blasien, St. Peter, St. Märgen und St. Georgen und erschlossen Acker- und Weide-

DER DICHTER JOHANN PETER HEBEL NANNTE DEN BELCHEN »ERSTE STATION VON DER ERDE ZUM HIMMEL«.

land nicht nur für die Selbstversorgung. Siedler kamen ins Waldgebirge, nicht zuletzt wegen der Silbervorkommen im Münstertal und am Schauinsland. Im Hochmittalter waren die Klöster zu hochkomplexen Wirtschaftsunternehmen herangewachsen, deren Macht und Einfluss bis zur Säkularisierung Anfang des 19. Jahrhunderts anhielt. Sie waren politisch, wirtschaftlich und geistig die treibenden Kräfte im Schwarzwald. Die Klosterbibliothek von St. Peter und der prächtige Kuppelbau der Domkirche St. Blasien erinnern bis heute an diese Zeiten.

ERFOLGREICHE REBELLION

Nicht weniger komplex, aber deutlich nachhaltiger orientiert, entstand ein ganz anderes Unternehmen. Lange bevor sich der energiepolitische Kurs auf Bundesebene änderte, hat sich Schönau von Energie aus Atomkraftwerken losgesagt. Die kleine Gemeinde mit gerade

Klosteranlage St. Trudpert: Im Münstertal begannen die Benediktiner,
den Schwarzwald zu kultivieren und zu missionieren.

An die klösterliche Blütezeit erinnert die üppig ausgestattete Rokoko-Bibliothek
von St. Peter. Baumeister Peter Thumb aus Vorarlberg hat sie entworfen.

Eindrucksvoll wölbt sich die frühklassizistische, 23 Meter hohe Kuppel im Dom von St. Blasien. 1771 bis 1783 erbaut, war sie seinerzeit der drittgrößte Kuppelbau in Europa. Besonders markant: die 20 im Kreis angeordneten Säulen.

mal 2500 Einwohnern liegt zwischen Feldberg und Belchen mitten im Biosphärengebiet Südschwarzwald. Als im Jahr 1986 die Atomkatastrophe von Tschernobyl auch hier ankam, war die Irritation zunächst groß. Doch bald war klar, dass man den Abschied vom Atomstrom wollte. Zum Schwur kam es 1991, als der regionale Energieversorger auf eine vorzeitige Verlängerung seines Vertrags mit der Gemeinde drängte – was auf Jahre eine Festlegung auf Atomstrom bedeutet hätte. Letztlich gelang es der Bürgerinitiative „Energie in Bürgerhand", die Bevölkerung zu überzeugen, und der Vertrag wurde nicht verlängert.

EHRE FÜR DIE STROMREBELLEN

Die Schönauer „Stromrebellen" hatten zwischenzeitlich so viel Wissen über die Energieversorgung erworben, dass sie 1999 das örtliche Elektrizitätswerk erwerben und das erste bürgereigene Energieversorgungsunternehmen Deutschlands gründen konnten. Heute beschäftigen sie rund 230 Mitarbeiter, Tendenz steigend, und liefern Strom in ganz Deutschland. Anerkennung für ihre Arbeit erhielten die Initiatoren nicht nur durch den Erfolg, sondern auch durch die Verleihung des Bundesverdienstkreuzes und des Verdienstordens des Landes Baden-Württemberg.

Wintersport

RUN AUF DEN HANG

Skiabfahrten für Anfänger und Könner, ein aussichtsreiches Loipennetz, Trails für Schneeschuhgeher, Winterwanderwege und ein Startplatz für Snowkiter – der Feldberg ist das attraktivste und größte zusammenhängende Skigebiet nördlich der Alpen. Und das soll trotz Klimawandel so bleiben.

E ines ist sicher: Der Wintertourismus der Zukunft wird anders aussehen, als wir ihn kennen. Durch den Klimawandel verschiebt sich die Schneefallgrenze immer weiter in die Höhe. Auch wenn im Schwarzwald 102 Gipfel über die 1000-Meter-Marke hinausragen, werden immer weniger Gebiete in Zukunft schneesicher sein. Kaum zu glauben, wenn man sich den schneereichen Winter 2020/21 in Erinnerung ruft, aber langfristig gesehen wird dieser eher die Ausnahme gewesen sein.

IDEEN GESUCHT

Diese Aussichten bringen Unruhe an den Berg. Liftbetreiber, Verantwortliche in den Tourismusgemeinden, Inhaber von Skischulen, Hoteliers, Gastfamilien von Pensionen und Ferienwohnungen, Mitarbeiterinnen und Mitarbeiter in der Gastronomie – sie alle schauen eher sorgenvoll in die Zukunft. Alle? Nicht ganz! Matthias Schneider, der in Todtnauberg drei Lifte betreibt, ist überzeugt: „Wir

Der Anfang ist ganz leicht: Mit dem Lift geht es hinauf auf den Feldberg.

Schwarzwälder sind findig. Wir werden neue Ideen haben."

Diese wird es auch brauchen. Vorbei sind die Winter, in denen mehr als eine halbe Million Skifahrer Lifte und Hänge im Feldberggebiet bevölkerten. Inzwischen sind es jährlich nur noch rund 300 000 – Tendenz fallend.

INTERESSENKONFLIKTE

Als die ersten Wintersportler Ende des 19. Jahrhunderts am Feldberg auftauchten, ahnte niemand, wie viele Arbeitsplätze durch die Skifahrer in der bis dahin landwirtschaftlich geprägten Region entstehen würden.

Zunächst stapften die Pioniere noch sportlich die Hänge hoch, bahnten sich die Abfahrten und übernachteten dort, wo sich ihnen eine Möglichkeit bot. 1937, als der Feldberg als Naturschutzgebiet ausgewiesen wurde, war der Wintersport schon gut etabliert, und die ersten Interessenkonflikte kamen auf. In den 1960er-Jahren folgte Lift um Lift, auch im Schutzgebiet. Eine Situation, die mit wachsendem Bewusstsein für die Umwelt nicht mehr vereinbar war. Im Jahr 1990 wurde das Naturschutzgebiet um 1000 Hektar Fläche erweitert, das Skigebiet klar vom Schutzgebiet abgegrenzt.

Der Feldberg bietet Wintersportlern aller Altersgruppen und Sportarten ein vielfältiges Terrain. Wenn der Winter nicht so recht in die Gänge kommen will, wird ihm im größten Skigebiet Baden-Württembergs mit Schneekanonen auf die Sprünge geholfen.

Feldberg-Ranger Achim Laber stellt zwar immer wieder auch Grenzüberschreitungen fest, aber im Großen und Ganzen respektieren die Sportlerinnen und Sportler das Schutzbedürfnis der Wildtiere.

KLIMAGEMÄSSER WANDEL

Wintersportgemeinden und Vereine im Südschwarzwald investieren zu Beginn der 2020er-Jahre mit Unterstützung vom Bund und dem Land Baden-Württemberg Millionen Euro in ihre Wintersportanlagen. So wird die Skisprungschanze in Hinterzarten für 3,1 Millionen Euro saniert, das Nordic-

ERSTE WINTERSPORTANLAGEN WERDEN AN DEN KLIMAWANDEL ANGEPASST. SCHNEEDEPOTS UND WASSERSPEICHER FÜR SCHNEEKANONEN BEKOMMEN EINE GRÖSSERE BEDEUTUNG.

Im Schnee muss nicht viel Aufwand betrieben werden, um einfach nur Spaß zu haben, wie hier in St. Peter. Wer die Stille sucht, wird abseits des Rummels selbst auf dem Feldberg fündig.

Center am Notschrei für knapp drei Millionen Euro. „Wir wollen nicht vom Schnee abhängig sein", formuliert der Vorsitzende des Vereins Nordic-Arena-Notschrei das Ziel der Erneuerung.

Wie soll das gehen? Bei der Sprungschanze in Hinterzarten gibt es eine Kombischanze, die mit und ohne Schnee genutzt werden kann. Beim Sommer-Grand-Prix der Skispringer ist es schon üblich, über Keramikkacheln oder Matten in den Flug zu starten, um dann auf bewässerten Matten zu landen. Zu mehreren Tausend Sprüngen heben jeden Sommer Spitzen- und Nachwuchssportler auf den vier Anlagen in Hin-

terzarten ab. Um im „Geschäft" zu bleiben, das heißt, Wettbewerbe und Trainingslehrgänge ausrichten zu können, müssen die Schanzenkonstruktionen den Anforderungen des Weltskiverbandes entsprechen. Das ist in Hinterzarten nach der Sanierung wieder der Fall.

Am Notschrei ist Schneemangel bislang noch nicht das ganz große Problem, da der Schnee auf der Insellage gut liegen bleibt. Aber auch dort kennt man Winter, in denen die Loipen mit übersommertem Altschnee präpariert werden mussten. Da dies in Zukunft häufiger zu erwarten ist, werden Standorte für Schneedepots verbessert und die Beschneiungsanlage erweitert. Das Speicherbecken, aus dem Wasser für die Schneekanonen entnommen wird, kann nun mehr Wasser aufnehmen.

UMDENKEN IM TOURISMUS

Die Zeiten sind vorbei, in denen Gemeinden im Feldberggebiet so viele Touristen wie möglich auf die Pisten holen wollten. Jetzt geht es darum, nachhaltiger zu planen und sowohl ökologisch als auch ökonomisch verträgliche Angebote zu machen.

Die Corona-Pandemie machte es erstmals notwendig, Besucherströme zu lenken. Von diesen Erfahrungen soll der Tourismus der Zukunft profitieren.

Informationen

....

Skifahren und Rodeln
Rund 60 Liftanlagen, 230 Pistenkilometer, 550 Kilometer Winterwanderwege und 700 Kilometer Langlaufloipen mit einheitlicher Beschilderung gibt es im Hochschwarzwald. Rodelhänge sind überall zu finden, der längste mit 3,5 Kilometern führt von der Krunkelbachhütte nach Bernau.

Weitere Wintersportmöglichkeiten
Natureisbahnen in Titisee, Triberg, St. Georgen und in Schluchsee. Eisklettern am Todtnauer und Triberger Wasserfall sowie am präparierten Eisfelsen bei Utzenfeld. Snowtubing in Bernau, Snowkiting am Feldberg. Snowpark Feldberg für Boarder und Freestyler. Snowbiken am Belchen. Biathlon am Notschrei.

Im Winter legte sich Jahr für
Jahr eine weiße Decke über
das Mittelgebirge. Ob die
kommenden Jahre im Zeichen
des Klimawandels schneereich
sein werden und solche tiefen
Kontraste von Blau und Weiß
schaffen, ist ungewiss.

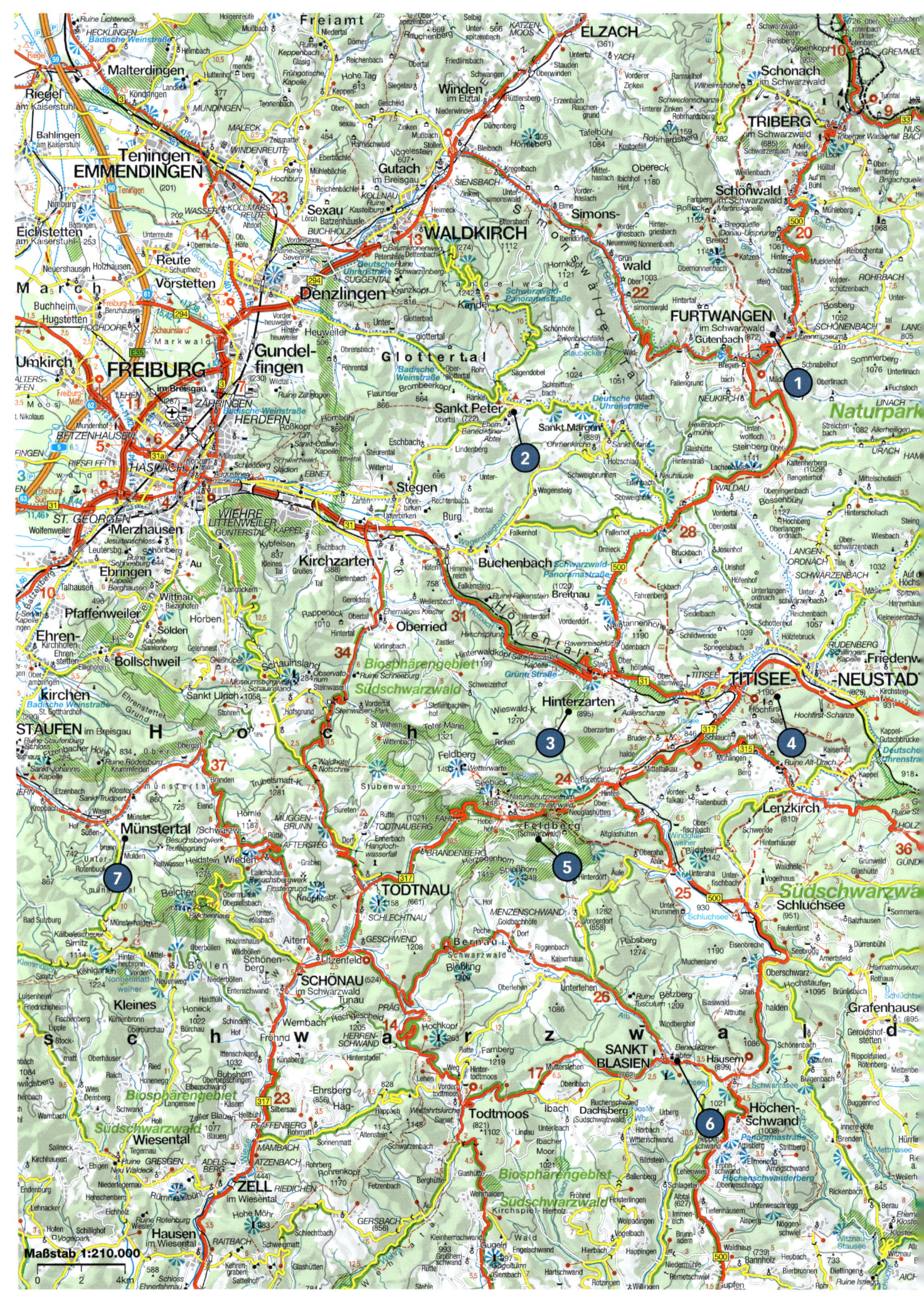

Maßstab 1:210.000

0   2   4km

HINAUF ZU DEN SCHWARZWALDHÖHEN

„Und meine Seele spannte weit ihre Flügel aus, / flog durch die stillen Lande / als flöge sie nach Haus", dichtete einst Joseph von Eichendorff. Schöner zu Hause als im Schwarzwald kann man kaum sein: Berge, Hochebenen, Täler, Wälder, satte Wiesen – die Region bietet viel Natur und setzt stark auf Nachhaltigkeit, um diese auch zu erhalten.

❶ Furtwangen

Wer den Schwarzwälder Tüftlergeist sucht, wird im einstigen Zentrum (9000 Einw.) des Uhrenhandwerks fündig. Heute prägen rund 800 Unternehmen und die Hochschule mit rund 4600 Studierenden die Stadt als Wirtschafts- und Wissenschaftsstandort.

MUSEEN

Das **Deutsche Uhrenmuseum** zeigt u. a. die weltweit umfassendste Sammlung von Schwarzwalduhren aus 150 Jahren (Robert-Gerwig-Platz 1, www.deutsches-uhrenmuseum.de; April–Okt. Di.–So. 9.00–18.00, sonst 10.00–17.00 Uhr). Die **Hexenlochmühle**, einzige im Schwarzwald mit zwei Wasserrädern, wurde 1825 als Sägemühle erbaut. Das große Rad treibt bei Vorführungen die Sägen an (Hexenlochstr. 13, Furtwangen-Neukirch, www.hexenlochmuehle.de; tgl. 10.00–18.00 Uhr).

UMGEBUNG

Beim Gasthof Kolmenhof (8 km nördl., www.kolmenhof.de; Mo., Di., Fr. 15.00–20.00, Sa., So. 12.00–20.00 Uhr; Kolmenkiosk 24 Std.) entspringt die Breg, die zusammen mit der Brigach die Donau „zuweg" bringt. Von der Martinskapelle führt ein Weg zum Brend (1148 m) mit Sicht bis zu den Schweizer Alpen (1,5 Std.). Modelleisenbahn-Freunde kennen **Faller**. Bahnhöfe, Industriewerke, Wohnhäuser und was sich sonst im täglichen Leben findet, stellt die Firma im kleinen Maßstab her; eine Auswahl zeigt die Ausstellung (Kreuzstr. 9, Gütenbach, www.faller.de; Mi.–Fr. 11.00–16.00, Sa. 11.00–15.00 Uhr).

INFORMATION

Tourist-Information Schönwald und Furtwangen, Franz-Schubert-Straße 3 78141 Schönwald, Tel. 07722 86 08 31 www.schwarzwald-tourismus.info

❷ St. Peter

Das Dorf (2700 Einw.) an der Schwarzwald-Panoramastraße ist bekannt für seine barocke Klosteranlage. Als Bioenergiedorf setzt es auf regenerative Energieerzeugung.

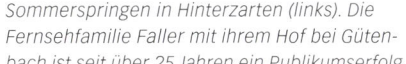

Sommerspringen in Hinterzarten (links). Die Fernsehfamilie Faller mit ihrem Hof bei Gütenbach ist seit über 25 Jahren ein Publikumserfolg.

SEHENSWERT

Das 1093 gegründete **Benediktinerkloster St. Peter** TOPZIEL (1806 aufgehoben) gilt mit der Barockkirche, dem Fürstensaal und der Rokoko-Bibliothek als eines der prächtigsten Zeugnisse barocker Baukunst (18. Jh.) in Süddeutschland. Die Kirche kann immer besichtigt werden, Kloster und Bibliothek hingegen nur bei Führungen (www.st-peter-schwarzwald.de; Di. 11.00, Do. 15.00, So. und Fei. 11.30 Uhr).

RESTAURANTS

Deftiges Holzofenbrot mit Schinken oder verführerisch süße Holunderblüten- bzw. Schwarzwälder Kirschtorte: Landfrauen betreiben das **€ Café Goldene Krone** (Wagensteigstr. 10, Tel. 07669 9 39 99 88, www.cafe-goldene-krone. de; Mi.–So. 12.00–18.00 Uhr).

UMGEBUNG

Im Marienwallfahrtsort **St. Märgen** sind die reich ausgestattete Klosterkirche (18. Jh.) mit romanischer Marienstatue und der Klosterhof erhalten. Das Klostermuseum widmet sich u. a.

der Geschichte der Schwarzwalduhr (www.kloster-museum.de; ganzjährig So. und Fei. 10.00–16.00, Mitte April–Mitte Nov. auch Mi. und Do. 10.00–13.00, Fr. 14.00–17.00 Uhr). Das kleine Dorf ist für den Schwarzwälder Fuchs bekannt, ein kleines Kaltblutpferd, das wohl schon im Mittelalter für harte Arbeitsbedingungen auf kargen Höhen gezüchtet wurde. Alle drei Jahre (2. So. im Sept. 2025) steht das Dorf beim Rossfest im Zeichen des Kaltblüters. Zum Rheintal hin öffnet sich das **Glottertal**. 1000 m Höhenunterschied kennzeichnen das Tal, in dem Reben, Obst und Wald an teilweise sehr steilen Hängen wachsen. Wichtigste Rebsorte ist der Spätburgunder unter dem Namen „Roter Bur". Früher wanderten Scharen von Touristen auf den Spuren von Professor Brinkmann durchs Glottertal – die Fernsehserie „Schwarzwaldklinik" spielte bis 1989 hier.

INFORMATION

Tourist-Information, Klosterhof 11 79271 St. Peter, Tel. 07652 12 06 83 71 www.st-peter-schwarzwald.de

❸ Hinterzarten

Vier Schanzen warten im Adler-Skistadion auf Skispringer und Kombinierer. Als wichtigster Wettkampf gilt der „Sommer Grand Prix" im Aug. Der Olympia-Stützpunkt (2700 Einw.) ist Heimat von Georg Thoma, der 1960 in der Nordischen Kombination olympisches Gold gewann.

MUSEEN

Im mehr als 300 Jahre alten **Hugenhof** kann man die Geschichte des Skilaufens nachvollziehen (Erlenbrucker Straße 35, www.schwarzwaelder-skimuseum.de; Di., Mi., Fr. 14.00 bis 17.00, Sa., So., Fei. 12.00–17.00 Uhr). Spielzeug aus zwei Jahrhunderten zeigt das **Museum Zum kleinen Hannes** (Adlerschanze 1; Do., So. 15.00–18.00, So. und Fei. 14.00–17.00 Uhr).

ERLEBEN

Der **Moorlehrpfad** führt rund um den mit einer Fläche von 70 ha größten Moorkomplex des Schwarzwalds, der Moorquerweg führt mitten hindurch. Es gilt als eines der schönsten Moore Mitteleuropas. Informationstafeln vermitteln den Besuchern alles Wissenswerte.

UMGEBUNG

Eine Fahrt durchs **Höllental TOPZIEL** beginnt oder endet im Himmelreich. Das gleichnamige Hofgut im Dreisamtal wird als integrativer Hotelbetrieb geführt (www.hofgut-himmelreich.de; tgl. 12.00–21.00 Uhr). Daneben liegt der Bahnhof. 1887 begann mit dem Bau einer der steilsten Eisenbahnstrecken Deutschlands der Tourismus im Hochschwarzwald. Neun Tunnel und ein 222 m langer, gemauerter Viadukt 42 m über der **Ravennaschlucht** sind die Hauptattraktionen der Strecke. An der engsten Stelle war das Tal einst nur 9 m breit. Hier soll sich ein Hirsch mit einem tollkühnen Sprung über die Klamm vor seinem Verfolger gerettet haben. Seit Beginn des 20. Jh. erinnert eine mehr als 2 m hohe Bronzeskulptur an die Legende. Die **St.-Oswald-Kapelle** nahe der

Tipp

Besuch bei den Bienen

Imkern ist in. Sogar manche Großstädter nutzen ihre Balkone, um sich ein Bienenvolk zu halten. Doch wie steht es mit der klassischen Imkerei und deren Wurzeln? Im Bienenkundemuseum im Münstertal dreht sich alles um das nützliche Insekt und seine Haltung. Und lebendige Bienen kann man am Schaubienenstock beobachten.

BIENENKUNDEMUSEUM
Spielweg 55 (nahe Obergaß)
www.bienenkundemuseum.de
Mi., Sa., So. und Fei.14.00–17.00 Uhr

Schluchsee mit Seehotel Hubertus (oben links); Titisee (unten). Der Höllental-Hirsch erhält stets neue Accessoires, z. B. Flügel (oben rechts).

Ravennabrücke gilt als älteste erhaltene Pfarrkirche im Hochschwarzwald (1148 geweiht). Im benachbarten **Hofgut Sternen** zeigen Glasbläser täglich ihr Können (www.hofgut-sternen.de; tgl. 10.00–16.30 Uhr).

INFORMATION
Tourist-Information
Freiburger Straße 1, 79856 Hinterzarten
Tel. 07652 12 06 82 01, www.hinterzarten.de

❹ Titisee-Neustadt

Der Titisee in Titisee-Neustadt (13 000 Einw.) zählt zu den beliebtesten Ausflugszielen. Eine Landschaft wie aus dem Bilderbuch und eine riesige Auswahl an Schwarzwaldsouvenirs locken die Touristen seit mehr als 100 Jahren.

SEHENSWERT

Der Turm des dreischiffigen **Münsters St. Jakobus** (1897–1902) überragt alles. Der Kirchenpatron mit der ihn kennzeichnenden Pilgermuschel ist auf dem Hochaltar zu finden. Kleinod ist der Marienaltar im linken Seitenschiff. Die größte Naturschanze für Skispringer in Deutschland, die **Hochfirstschanze**, schafft es immer mal wieder in den Terminkalender des Weltcups. Im Sommer ist die Schanze Bühne für Open-Air-Musik (Schützenstraße in Neustadt). Fahrten auf dem **Titisee** sind mit Booten möglich. Anbieter und Verleiher finden sich direkt am See.

UMGEBUNG

Weiter südl. liegt der natürlich wirkende und ruhigere **Schluchsee TOPZIEL**, größter See des Schwarzwalds und höchstgelegener Stausee Deutschlands (930 m). Wechselhafte Winde machen ihn zu einem beliebten Seglerrevier. Kurz davor lockt der **Windgfällweiher** mit einem Strandbad wie aus den 1950er-Jahren. Das Erlebnisbad Aqua Fun liegt direkt am See bei der Gemeinde Schluchsee (Freiburger Straße 16, für Navigation: Faulenfürster Str. 18, Schluchsee, www.gemeinde-schluchsee.de; Mai–Sept. tgl. 9.00–19.00 Uhr).

INFORMATION
Tourist-Information, Strandbadstr. 4
79822 Titisee-Neustadt
Tel. 07652 12 06 81 20, www.hochschwarzwald.de/orte/titisee-neustadt

❺ Feldberg

Ort und Berg (1493 m) bilden das Zentrum des Hochschwarzwalds. Das große Wintersportgebiet steht seit 1937 unter Naturschutz und ist im Sommer ein Wanderparadies.

SEHENSWERT

Das **Haus der Natur** an der Talstation des Lifts auf den Seebuck sensibilisiert Besucher für den schonenden Umgang mit der Natur (Dr.-Pilet-Spur 4, www.naz-feldberg.de, www.naturpark-suedschwarzwald.de; Di.–So. 10.00 bis 17.00 Uhr, Mai–Okt. auch Mo.).

RESTAURANTS

In der Bauernstube € **Raimartihof**, 500 m vom Feldsee, gibt es Spezialitäten wie Schäufele, Brägele und Bibiliskäse (www.raimartihof.de, 4 km vom Parkplatz Kunzenmoos bei Bärental, nur zu Fuß oder per Rad; Di.–Do. 10.00–17.00, Fr.–So. bis 18.00 Uhr, Kiosk tgl.).

UMGEBUNG

Mit der Seilbahn geht es zum Ausgangspunkt der Rodelbahn am Hasenhorn bei **Todtnau**; wie schnell die 2,9 km hinabgeht, kann jeder selbst bestimmen (www.hasenhorn-rodelbahn.de; tgl. 9.00–16.30 Uhr). Der Stübenbach stürzt zwischen Todtnauberg und Aftersteg über Kaskaden 97 m in die Tiefe und bringt so den Todtnauer Wasserfall hervor (s. Wasserfallsteig, S. 33). Seit 2023 sorgt die **Blackforestline,** eine spektakuläre Hängebrücke über dem Wasserfall, für Nervenkitzel (www.blackforestline.de; Mitte Feb.–Okt.).

INFORMATION
Tourist-Information, im Haus der Natur,
Dr. Pilet-Spur 4, 79868 Feldberg
Tel. 07652 12 06 83 02
www.hochschwarzwald.de/orte/feldberg

❻ St. Blasien

Der kleine Schwarzwaldort (4200 Einw.) bietet eine atemberaubende Kulisse: Von Wäldern umrahmt, wölbt sich die größte Kirchenkuppel nördl. der Alpen.

SEHENSWERT

Im 9. Jh. wurde das **Kloster TOPZIEL** gegründet, das seine Blütezeit im 18. Jh. hatte. Immer wieder von Bränden zerstört, wurde es stets größer und schöner wieder aufgebaut. Die frühklassizistische Kuppelkirche entstand nach dem Brand von 1768 nach dem Vorbild des römischen Pantheons. Nachdem die Abtei 1806 aufgehoben worden war, zogen zuerst eine Waffen-, dann eine Maschinenfabrik und eine Baumwollspinnerei in die Gebäude. Seit 1933 ist das Kloster Sitz der Jesuiten (www.dom-st-blasien.de; außer bei Gottesdiensten Sommer 8.30–18.30 Uhr, Winter kürzer).

VERANSTALTUNGEN

Domkonzerte, Domfestspiele (Termine unter www.kloster-konzerte.de, www.domfest spiele-stblasien.de).

UMGEBUNG

In einem sonnigen Hochtal liegt **Bernau** (westl.), Heimat des Malers Hans Thoma (1839 bis 1924), der Landschaft und bäuerliches Leben seiner Heimat festhielt (Rathausstr. 18, www.hans-thoma-museum.de; Mi.–Fr. 10.30 bis 12.00, 14.00–17.00, Sa., So. und Fei. 11.30 bis 17.00 Uhr, Mitte Nov.–Mitte Dez. geschl.).

INFORMATION

Tourist-Information, Am Kurgarten 1
79837 St. Blasien, Tel. 07652 12 06 85 52
www.stblasien.de

❼ Münstertal

St. Trudpert war die erste und größte Klosteranlage der Benediktiner im Schwarzwald.

SEHENSWERT

Nach Zerstörungen im Dreißigjährigen Krieg entstand 1710–1738 die heutige **Barockkirche**; Kirchenfassade und Kloster wurden neu gestaltet. Im Kulturdenkmal leben und arbeiten heute die Schwestern vom hl. Josef. Das **Museumsbergwerk Finstergrund** zwischen Wieden und Utzenfeld ist das einzige im Schwarzwald, in das man mit einer Bahn einfährt (Obermünstertal, www.finstergrund.de; Mai–Okt. Sa., So. und Fei. 10.00–16.00, Juli bis Sept. auch Mi.). Auch das **Bergwerk Teufelsgrund** kann besichtigt werden (Mulden 71, Untermünstertal, www.besuchsbergwerk-teufels grund.de; April–Okt. Di., Do. und Sa. 10.00 bis 16.00, So. und Fei. 13.00–16.00, Juli/Aug. auch Mi. und Fr. 13.00–16.00 Uhr).

INFORMATION

Tourist-Information, Wasen 47
79244 Münstertal, Tel. 07636 7 07 30
www.muenstertal-staufen.de

SCHLUCHSEE ZU LAND UND ZU WASSER

Einmal den größten Schwarzwaldsee zu Fuß umrunden! Kein Problem angesichts des gut ausgebauten Wanderweges rund um den Schluchsee. Noch schöner wird die Tour, wenn man einen Teil des Weges auf dem Schiff zurücklegt. Die Vesperpause am Unterkrummenhof hat man sich verdient.

Wanderer, Surfer und Angler, Segler, Ruderer und Schwimmer, Taucher und Radfahrer – bei gutem Wetter zieht es alle an den Schluchsee. Und dennoch ist es rund um den ehemaligen Gletschersee wesentlich ruhiger als am benachbarten Titisee. 18 Kilometer lang ist der Weg um den See, auf dem man auch radeln kann. Eine angenehme Variante der Seeumrundung ist eine kombinierte Schiffs- und Wandertour. Zum einen ist natürlich die Wegstrecke kürzer, zum anderen lässt man den Teil der Wanderung, die an der Bundesstraße 500 entlangführt, im wahrsten Sinne des Wortes links liegen: Von der Anlegestelle Aha fährt man

Solch ein Bild sehen Wanderer am Schluchsee immer wieder: Angler ziehen Hecht und Zander, Karpfen, Seesaibling und Forellen aus dem Wasser.

mit einem der Schluchsee-Boote zur Staumauer am Ostende. Von hier geht es am Südufer zum „Unterkrummenhof". Nach einem Vesper ist der letzte Abschnitt des Wegs nach Aha ein Leichtes. Und Zeit für ein erfrischendes Bad sollte auch noch sein.

Wie währenddessen „hinter den Kulissen" Ökostrom entsteht, merkt dabei niemand. Durch fünf Kraftwerke schießt tagsüber bei Spitzenbedarf Wasser aus Deutschlands höchstgelegenem Pumpspeichersee durch Druckstollen in den Rhein, der 620 Meter tiefer liegt, und erzeugt Strom. Mit nächtlichem Stromüberfluss wird aus den Rheinkraftwerken Rheinwasser zurückgepumpt.

Länge des beschriebenen Wegteils: 9,8 km
Anfahrt Mit der Bahn von Freiburg über Titisee bis zum Halt Aha
Parkmöglichkeit beim Bahnhof Aha
Einkehr beim Unterkrummenhof, www.unterkrummenhof.info, Tel. 07656 15 00; Bootsanlegestelle

*

WEITBLICK AUS ENGEM TAL

*

Härter als Granit soll ein sturer Hotzenkopf sein. Und hinterwäldlerisch. Wenn man durch die engen Täler mit den steilen Felswänden fährt, ist man schon geneigt, diese Vorurteile zu glauben. Aber wer solch grandiosen Weitblick von hoch gelegenen Blumenwiesen hat bis hin zu den Schweizer Alpen, kann der wirklich so verschlossen sein?

Gischtwolken hüllen den Rheinfall und seine Besucher ein.

Lotenbachklamm bei Bonndorf: Nicht nur die Wutachschlucht,
auch ihre Seitentäler sind attraktive Wanderziele.

Das Rothauser Heimatmuseum Hüsli spiegelt die Lebensverhältnisse Anfang des 20. Jahrhunderts wider – hier ein Blick
in die Stube mit Kachelofen, knarzendem Holzboden und allerlei Zierrat, darunter eine Schwarzwälder Lackschilduhr.

Eine der eindrucksvollen Passagen der Wutachschlucht ist die Muschelkalkwand zwischen Bonndorf und Wutach.

Diverse Nebengewässer wie der Lotenbach speisen die Wutach.

DIE WUTACH HAT SICH IN RUND 20 000 JAHREN EIN BIS ZU 200 METER TIEFES UND ETWA 50 KILOMETER LANGES TAL GESCHAFFEN UND IST DER LETZTE URSPRÜNGLICHE WILDFLUSS NICHT NUR DES SCHWARZWALDS.

Tief in die Berglandschaft eingeschnitten, gerade mal so breit, dass eine Straße Platz hat – so präsentiert sich das Wehratal, eines der schönsten und einsamsten Täler im Schwarzwald. Es begrenzt den Hotzenwald, wenn man es geografisch streng sieht, an seiner Westseite.

In der ersten Hälfte des 20. Jahrhunderts galt Todtmoos ganz im Norden des Tals als das Davos Deutschlands. In der reinen Luft der Hochgebirgslandschaft hofften wohlhabende Patienten aus dem In- und Ausland, von der Tuberkulose geheilt zu werden. Heute ist der Ort eher durch seine internationalen Schlittenhunderennen bekannt, die jeden Januar mit schon mal mehr als 1000 Huskys und Schlittenhunden ausgetragen werden – sofern der Winter mitspielt.

URWALD IN MITTELEUROPA

Östlich der Wehra, also zum Kerngebiet des Hotzenwalds hin, gab es bis zur Mitte des 19. Jahrhunderts keinen einzigen Weg. Urwaldähnliche Zustände herrschten dort, denn wegen des felsigen Geländes konnte der Wald lange nicht genutzt werden. Und als dies dann möglich war, lohnte es sich kaum noch. Dadurch konnte sich der natürliche Baumbestand ohne Aufforstungen erhalten, bis er im Jahr 1970 zum Bannwald erklärt

wurde – zusammen mit der Westseite der Wehra, wo seit 1826 auch kaum noch ein Baum gefällt wurde. Solche urwaldartigen Waldgebiete sind heutzutage eine Ausnahme in Mitteleuropa, und so lag es nahe, das gesamte Gebiet unter Naturschutz zu stellen.

Ideal für Wanderungen und Fahrradtouren – wer sich entlang der Wehra auf den Weg macht, erfährt viel über die Besonderheiten des Tals. Von den typischen Gebirgszügen im Norden verändert es sich bei Wehr in eine karstige Landschaft, die vor rund 200 Millionen Jahren als Ablagerung des urzeitlichen Meeres entstanden war. Der Boden besteht aus drei Schichten Muschelkalk. Als sich vor etwa 70 Millionen Jahren der Oberrheingraben absenkte und der Schwarzwald emporgehoben wurde, brach der Dinkelberg bei Wehr aus dem Grundgebirgsblock heraus und blieb als geologische Insel bestehen. Durch Wasserläufe wurde der Kalk gelöst, und es bildeten sich teils ausgedehnte Karsthohlräume. Ein eindrucksvolles Beispiel dieses Prozesses ist die Erdmannshöhle in Hasel: Sogar Tropfsteine erwarten die Besucher in einer der schönsten Schauhöhlen. Der größte ist mehr als vier Meter hoch und hat am Fuß einen Durchmesser von über zwei Meter. Man vermutet, dass er älter als 135 000 Jahre ist.

Laufenburg mit seinem noch mittelalterlich wirkenden Stadtbild ist durch den Rhein geteilt.
Der Blick geht hinüber auf die Schweizer Seite.

Auch Waldshut zeigt in seiner Kaiserstraße
neben dem Rathaus aus dem 18. Jahrhundert
eine Vielzahl historischer Bauten.

Bad Säckingens „Trompeter" am Treppen-
aufgang zum Schloss Schönau

Bad Säckingens hölzerne Rheinbrücke misst stolze 203 Meter.

Alemannisch

Special

Ein Stück Heimat

Wenn z Friiburg einer sait, noch e Muggesäggeli mehr, dann meint derjenige, dass er ein kleines bisschen mehr möchte. Alles klar? So schwätz mer ebbe bi uns.

Böse Zungen behaupten, das Alemannische sei weniger eine Sprache als eine Rachenkrankheit – und das umso schlimmer, je weiter man in die Schweiz hinein komme. Nun, um „Chuchichänschterli" zu sagen, muss man schon weiter hinten artikulieren als wenn man „Küchenschrank" sagt. Für die Menschen am Oberrhein und im Schwarzwald ist ihre „Sproch" ein Stück Heimat, die im Markgräflerland wieder ein bisschen anders klingt als im Hotzenwald oder im Kinzigtal. Und dennoch verstehen sich alle, auch jenseits der Ländergrenzen zur Schweiz oder zum Elsass. So verband das Alemannische in den 1970er-Jahren beispielsweise die Bürger, die gegen das Kernkraftwerk Wyhl protestierten, über die Grenzen hinweg.

Das Alemannische ist eine lebendige Sprache, in der Stadt wie auf dem Land. Die Muettersproch-Gsellschaft und die Alemannische Bühne in Freiburg pflegen sie ebenso wie die Lit uff de Stross. Das alemannische Wikipedia und das alemannische Lexikon sorgen dafür, dass Vokabeln und Grammatik dieser sprachwissenschaftlich zum Westoberdeutschen gerechneten „Heimat" von rund zehn Millionen Sprechern nicht verloren gehen. Im Alemannischen Institut in Freiburg haben sich Wissenschaftler zur „fächer- und grenzüberschreitenden landeskundlichen Erforschung des alemannisch-schwäbischen Sprach- und Siedlungsraumes" zusammengeschlossen.

Wer jetzt wunderfitzig, also neugierig, auf diese bildhafte Sprache geworden ist, kann sich auf der Internetseite www.alemannisch.de schon einmal einhören, bevor er in den Schwarzwald aufbricht. Adé!

INDUSTRIELLER AUFSCHWUNG

Wasserläufe gibt es im Hotzenwald viele, unter- wie oberirdische. Fünf Flüsse haben sich von Norden nach Süden durch das Gebirge gegraben und fließen alle dem Rhein zu: Wiese, Wehra, Murg, Alb, Schlücht und Steina. Weiter im Osten kommt die Wutach an, die ursprünglich Richtung Donau floss, aber vor Jahrtausenden nach Süden zum Rhein hin umgelenkt wurde. In den vergangenen 70 000 Jahren hat die Wutach so ein eindrucksvolles, bis zu 200 Meter tiefes und 50 Kilometer langes Tal geschaffen.

SCHÄTZE DES HOTZENWALDES

Wasser und Holzreichtum waren die Schätze des Hotzenwaldes, weshalb sich in den Tälern Glasbläser, Sägewerke, Köhler und Holzfäller ansiedelten. Aber was sie erwirtschafteten, war lange Zeit zu wenig zum Leben und zu viel zum Sterben. Viele Hotzenwälder suchten ihr Glück in Amerika oder wanderten ins Banat aus. Wer blieb, musste sich ein Zubrot suchen, weshalb in vielen Häusern Handwebstühle standen. Als jedoch Ende des 19. Jahrhunderts mechanische Webstühle aufkamen, waren die Heimarbeiter nicht mehr konkurrenzfähig.

Das damalige Dorf Wehr dagegen nahm seinen Aufschwung. 1890 wurde der Ort ans Schienennetz angeschlossen.

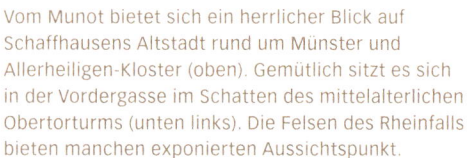

Vom Munot bietet sich ein herrlicher Blick auf
Schaffhausens Altstadt rund um Münster und
Allerheiligen-Kloster (oben). Gemütlich sitzt es sich
in der Vordergasse im Schatten des mittelalterlichen
Obertorturms (unten links). Die Felsen des Rheinfalls
bieten manchen exponierten Aussichtspunkt.

Im sommerlichen Mittel stürzen pro Sekunde 700 Kubikmeter Wasser über die Felskanten des Rheinfalls.

> »RASTLOS DONNERNDE MASSEN AUF DONNERNDE MASSEN GEWORFEN, OHR UND AUGE, WOHIN RETTEN SIE SICH IM TUMULT?«

Eduard Mörike (1804–1875) zum Rheinfall

Idealer Ausgangspunkt für Unternehmen wie die Brennet AG, die 1888 eine moderne Weberei in Wehr baute und bis heute dem Standort treu geblieben ist, allerdings heute als Immobilienfirma. Auch zwischen Lörrach und Zell im Wiesental lebten rund 20 000 Menschen bis in die zweite Hälfte des 20. Jahrhunderts von der Textilindustrie. Mittlerweile Vergangenheit. Nun sind dort eher Spezialisten des Maschinenbaus angesiedelt.

WIDERSTÄNDIGES VOLK

Industrie braucht Energie. Um Zeiten des Spitzenbedarfs zu decken, wurde 1975 in der Nähe von Herrischried ein Pumpspeicherkraftwerk in Betrieb genommen, das im Rahmen der Energiewende bis 2019 durch ein zweites, größeres Werk bei Atdorf ergänzt werden sollte. Ein Projekt, das vom grünen Umweltministerium in Baden-Württemberg befürwortet wurde. Den Hotzenwälder Grünen gefiel dies aber ganz und gar nicht, da sie darin nur einen Nutzen für die Privatwirtschaft sahen. Es sei nicht hinzunehmen, dass dafür gute 150 Hektar Landschaft versiegelt werden müssten. Die Betreiber gaben das Projekt auf. Ein Hotzenkopf, egal ob rot, grün oder schwarz, macht sich eben gern seine eigenen Gedanken und ist nicht glatt wie Seide – schließlich war der „Hotzen" ein grobes Wolltuch.

AUSFLUG ZU EINEM NADELÖHR

Tagesausflügler umdrängen Reisebusse: Wer heutzutage den Betrieb in Schaffhausen beobachtet, wird sich kaum vorstellen können, dass der Rheinfall einst eher ein Ärgernis war. Schließlich behinderte er eklatant den Handelsfluss.

Aber: Des einen Leid ist des anderen Freud – Generationen haben aus dem kurzen Landweg, den der Wasserfall notwendig machte, ein oftmals nicht unbeträchtliches Einkommen bezogen. Schaffhausens gemütlich-althergebrachtes Stadtbild erinnert daran bis heute.

Und der Rheinfall ist noch immer ein Quell des Wohlstands. Heute profitiert der Tourismus. Ein Eisbecher mit Blick auf die tosenden Wassermassen ist eben ein besonderer Genuss. Ein Gang auf zum Teil bis über das Wasser hinausragende Aussichtsplattformen sorgt für einen gewissen Nervenkitzel. Und Ausflugsboote verlocken zu hin und wieder etwas feuchten Touren bis dicht an die gischtende Gewalt – sofern das Wasser reicht, denn in manchen Sommern erinnert der größte Wasserfall Europas, der immerhin 23 Meter Höhenunterschied ausgleicht, mangels Masse eher an eine größere Stromschnelle. Doch Menschenmassen hin oder Wassermangel her – das eindrucksvolle Naturdenkmal lohnt den Besuch allemal.

Bier aus Rothaus

DAS TANNENZÄPFLE IST KULT

Das Kultbier aus dem Schwarzwald hat längst die Großstädte Deutschlands erreicht. In Berlin, Köln und selbst in der heimlichen Bierhauptstadt München trinkt man in den Kneipen und Szenelokalen „Tannenzäpfle". Dabei hat das so eigentlich keiner beabsichtigt.

Die Grafenhausener zumindest waren alles andere als begeistert, als St. Blasiens Fürstabt Martin Gerbert 1791 eine Brauerei in ihrem Wald bauen wollte. Sie ahnten, dieses Unternehmen würde sie viel Holz kosten, und genau das war zu jenem Zeitpunkt im Schwarzwald knapp. Doch die Proteste beeindruckten den Geschäftsmann Gerbert wenig. Der freie Platz, auf dem schon die Wirtschaft „Zum Rothen Haus" lag, erschien ihm ideal. Und der Erfolg seines Unternehmens sollte ihm recht geben. Immer wieder wurde der Betrieb erweitert, bis er 1807 im Zuge der Säkularisierung an den badischen Hof überging.

Bis heute ist die Brauerei ein staatliches Unternehmen, wenn auch in Form einer Aktiengesellschaft. Das Land Baden-Württemberg hält alle Aktien. Und das soll auch so bleiben, wie der grüne Ministerpräsident Winfried Kretschmann den rund 230 Mitarbeitern versicherte – auch wenn der Bund der Steuerzahler regelmäßig die Frage stellt, ob es denn Aufgabe eines Staates sei, Bier zu brauen. Für Kretschmann keine Frage, bringe

„Rothaus" doch Geld in die Landeskasse, braue gutes Bier und schaffe dazu auch noch Arbeitsplätze.

„BIER GIT KRAFT"

An dem wirtschaftlichen Erfolg ist auch zu weiten Teilen die kleine braune Flasche mit dem etwas bieder anmutenden Etikett beteiligt. Das stilisierte Schwarzwaldmädel schmückt seit 1972 Zäpfle-Flaschen und löste die eher fotografisch gestaltete „Birgit Kraft" der ersten „Tannenzäpfle" ab. „Bier git Kraft", sagt der Schwarzwälder und gab so dem Mädel auf dem Etikett einen Namen. Dass das Bier „Tannenzäpfle" heißt, wo doch Fichtenzapfen abgebildet sind, ist nicht falsch: Ein anderer Name für Fichte ist Rottanne. Und so wählte die Firma mit Sitz in Rothaus die Rottanne.

KLEINE FLASCHE GANZ GROSS

Bereits im Jahr 1951 hatte die Brauerei einen ersten Versuch mit Bier in Drittelliter-Flaschen gestartet, der sich aber als Flop erwies, sodass 1955 die Produktion wieder eingestellt wurde. Erst im zweiten Anlauf schaffte die kleine Flasche, jetzt unter dem Kosenamen „Tannenzäpfle", ihren großen Durchbruch. Und das ganz ohne riesige Werbekampagnen. Seit 1992 pflegt die Rothaus-Brauerei ein umfassendes Sponsoring-Konzept, Fernsehwerbung jedoch ist für die Staatsbrauerei tabu. Daher kann man das vertraute Logo nur sehen, wenn beispielsweise Sportveranstaltungen aus dem Schwarzwald übertragen werden. Das Pils verkauft sich auch so und zwischenzeitlich so gut, dass die höchstgelegene Brauerei Deutschlands immer wieder an ihre Kapazitätsgrenzen stößt.

Bier vom Staat: Eigner der Brauerei ist das Land Baden-Württemberg. Neben dem berühmten Pils in der kleinen Flasche werden auch Hefeweizen, Radler und alkoholfreies Bier produziert.

Weiterführende Informationen

Badische Staatsbrauerei Rothaus AG
Rothaus 1, 79865 Grafenhausen-Rothaus, www.rothaus.de
Brauereibesichtigung nach Anmeldung: tgl. 12.00, 14.00 und 16.00 Uhr, buchbar über: www.rothaus.de/genusswelt/ brauereibesichtigung
Brauereigasthof mit Terrasse, Biergarten und Gästezimmern, Tel. 07748 5 22 96 00; tgl. 11.30–22.00 Uhr

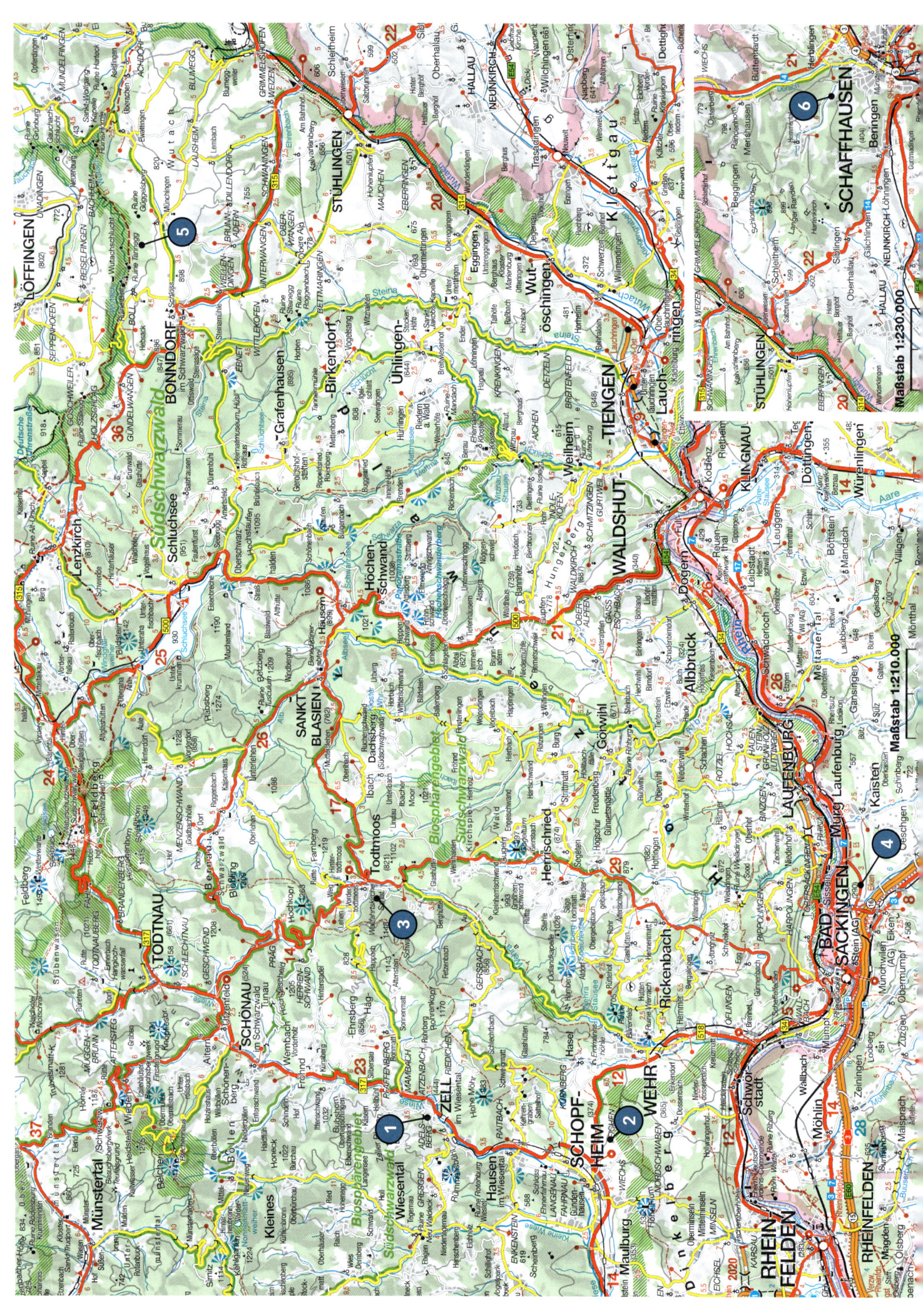

ENGE TÄLER IN RICHTUNG SÜDEN

Der Hotzenwald ist geprägt von tiefen Tälern und sonnigen Hochebenen. Im Osten schließt sich das Wutachtal an, das eine Fülle geologischer und botanischer Höhepunkte zu bieten hat.

❶ Wiesental

Die Wiese entspringt am Feldberg und mündet bei Basel in den Rhein. Dank der Wasserkraft und der günstigen Nähe zur Schweiz und zu Frankreich entwickelte sich im 19. und 20. Jh. im Wiesental Textilindustrie. Nach dem Rückzug der Textilfabriken siedelten sich Maschinenbauer an.

MUSEEN
Im **Wiesentäler Textilmuseum** wird das Spulen, Spinnen und Weben auf alten Maschinen vorgeführt (Teichstr. 4, Zell, www.wiesentaeler-textilmuseum.de; März–Nov. Di. 14.00 bis 17.00, Sa. 10.00–12.00 Uhr).

ERLEBEN
Der Radbus Feldberg, Linie 7300 der Bahn, fährt tgl. von Zell auf den **Feldberg**. Vom „Höchsten" aus kann man dann entspannt oder rasant durchs Wiesental auf zwei Rädern zurückfahren (www.dbregiobus-bawue.de). An den Versen „Die Wiese" des alemannischen Mundartdichters Johann Peter Hebel (1760 bis 1826) orientiert sich ein 60 km langer **literaturhistorischer Wanderweg** von der Quelle am Feldberg durchs Wiesental bis nach Basel.

HOTELS/RESTAURANTS
Die Lage ist sensationell, das Essen regional bestimmt: Im €€ **Berggasthof Schlüssel** findet man Weitblick beim Essen, ruhige Zimmer und einen guten Ausgangspunkt für Wanderungen (79669 Zell-Pfaffenberg, Tel. 07625 3 75, www.berggasthof-schluessel.de).

INFORMATION
Zeller Bergland Tourismus
Kirchstraße 11
79669 Zell im Wiesental
Tel. 07625 92 40 92
www.zeller-bergland.de

❷ Schopfheim

Schon früh siedelten sich Industriebetriebe in der Stadt (20 100 Einw.; Stadtrecht um 1250) am Ausgang des Wiesentals an, um dort die Wasserkraft zu nutzen.

Ein mächtiges Dach ist typisch für das Schwarzwaldhaus, hier im Wehratal. Bizarre Tropfsteinwelt: Erdmannshöhle bei Hasel

SEHENSWERT
Die ehem. **Stadtkirche St. Michael** in der Altstadt stammt vornehmlich aus dem 15. Jh. Bei Ausgrabungen wurden Grundmauern einer romanischen Kirche entdeckt und am Chor Wandmalereien aus dem 13. Jh. freigelegt. Nach Nutzung als Heimatmuseum und Veranstaltungszentrum werden nun auch wieder Gottesdienste abgehalten. Adelige und bürgerliche Wohnkultur ist das Hauptthema des **Stadtmuseums** (Wallstr. 10; Mi. 14.00–17.00, Sa. 10.00–17.00, So. 11.00–17.00 Uhr).

RESTAURANTS
Eine Schwarzwälder Torte muss nicht immer süß sein. In der €€ **Mühle** in Schopfheim-Gersbach gibt es auch eine salzige Variante. In drei gemütlichen Gaststuben werden sehr leckere regionale Gerichte serviert: z. B. Waldspeck mit Rosmarin, gebraten auf Räucherforellensauce, oder Rehgulasch mit Spätzle und Käse aus der Gersbacher Chäs Chuchi (Zum Bühl 4, Schopfheim-Gersbach, Tel. 07620 90 40 0, www.kurzurlaub-schwarzwald.com).

UMGEBUNG
Der in Richtung Bad Säckingen gelegene **Eichener See** ist ein Karstsee, der nur bei hohem Grundwasserstand Wasser führt. 40 m unter der Erdoberfläche steht das Grundwasser in einer Höhle. Nach langen Regenzeiten oder nach der Schneeschmelze wird das Wasser nach oben gedrückt und bildet für mehrere Wochen oder Monate den bis zu 3 m tiefen See. Oberirdisch hat er weder Zu- noch Abfluss. **Gersbach** (östl.) lag an einem 200 km langen, von Markgraf Ludwig von Baden 1692–1701 errichteten Befestigungssystem. Überreste sind eine restaurierte Sechseck-Schanze mit Wach- und Signalturm. 10 km lang ist der Schanzenweg, der am Infohaus am Ortseingang (von Schopfheim kommend) beginnt. Die Gersbacher Glashütten boten 600 Jahre lang vielen Wiesentälern Arbeitsplätze. Das Wald- und Glaszentrum erinnert an die Tradition der Wanderglashütten sowie an das Gewerbe der Köhler und Harzer bzw. Pechsieder (Wehratalstr. 10; Mo., Mi. und Sa. 8.00–12.00, Do. 15.00 bis 18.00, Sa. 8.00–12.00, So. 15.00–17.00 Uhr).

Tosende Wassermassen am Rheinfall in Schaffhausen

INFORMATION
Tourist-Information, Hauptstr. 23
79650 Schopfheim
Tel. 07622 39 61 45
www.schopfheim.de

3 Wehratal

In **Todtmoos** entspringt die Wehra, die ein wildromantisches Tal in den Fels gegraben hat, das bis zum Rhein führt. Unter Schlittenhundeführern ist der heilklimatische Kurort (2000 Einw.) bestens bekannt. Hier trifft sich jedes

Tipp

Warm und bequem

Nicht nur an Hexenfüßen machen sich Strohschuhe gut. Ob aus Roggen- oder Maisstroh, aus Naturbast oder Jute wärmen die rustikalen Pantoffeln auch auf der Berghütte oder zu Hause. Einst waren sie vor allem an den Füßen armer Leute zu finden, da die verwendeten Materialien billig zu haben waren. 10 bis 12 m Strohgeflecht, Stoffreste, Leder- oder Gummistreifen sowie festes Garn reichen aus, um einen Strohschuh über den Leisten zu ziehen. Heute tragen vor allem die Hexen der schwäbisch-alemannischen Fasnet Strohschuhe, aber auch Nicht-Narren können diese an vielen Orten kaufen.

BEZUGSQUELLEN
www.strohschuhe.de

Jahr Ende Januar die Weltelite zu Schlittenhunderennen. **Wehr**, die Geburtsstadt der weltberühmten Geigerin Anne-Sophie Mutter, wurde erstmals 1092 erwähnt und in der Neuzeit von der Textilindustrie geprägt.

MUSEEN
250 Jahre ist das **Heimethus** in Todtmoos alt. Unter dem mit Schindeln gedeckten Dach sieht man Zeugnisse bäuerlichen Lebens und Heimatkundliches (Murgtalstr. 15, Mi., Fr., So., 14.30–17.00 Uhr, Glasbläservorführung Mai bis Okt. 14-tägig, sonst monatl.). An die Zeit der Postkutschen erinnern Heidi und Joachim Behringer mit **Kutsch- und Planwagenfahrten** im Murgtal (Kirchbergstr. 12, 79730 Murg-Hänner, östl. Bad Säckingen, www.murgtal-fahrten.de).

RESTAURANTS
Der kleine Flugplatz Hütten (östl.) ist in Fliegerkreisen bekannt, da dort an Pfingsten ein internationaler Segelflugwettbewerb stattfindet. Von der Terrasse der €€ **Fliegerklause** aus hat man nicht nur einen Blick auf den Flugbetrieb, sondern häufig auch auf die Alpen (Rickenbach-Rüttehof, Tel. 07765 4 64, www.fliegerklausehütten.de).

UMGEBUNG
Erdmännchen und -weibchen sollen hier in den Sälen unter der Erde gelebt haben, erzählt die Sage. Und damit hatte die geologisch höchst interessante **Erdmannshöhle** bei Hasel auch schon ihren Namen. Von der mehr als 2 km langen Höhle sind 360 m zugänglich (www.gemeinde-hasel.de, Tel. 07762 80 68 90; Ostern–Anf. Nov. Sa., So., Fei. 10.00–16.00 Uhr, während Ferienzeiten tgl.; warme Kleidung mitbringen). Der **Wanderweg Murgtalpfad** (23 km) führt von Todtmoos nach Bad Säckingen. In **Herrischried** geht es vorbei an einem der ältesten Bauernhöfe des Schwarzwalds

(1424); der strohgedeckte Klausenhof ist Heimatmuseum mit Säge, Schmiede, Wagenschopf, Bauerngarten und Backhaus (Lindenweg 1; April–Okt. Di., Do., Fr. 14.00–17.00, Sa., So., Fei. 13.00–18.00 Uhr).
In **Rickenbach** ist das Energiemuseum der Wasserkraftnutzung von der Frühzeit bis heute gewidmet (Im Schlag 1, www.energiemuseum-rickenbach.de; März–Nov. So. 14.00–16.00 Uhr). Die Glasfenster und das Altarbild der Rickenbacher Pfarrkirche zählen zu den bedeutendsten Arbeiten des Karlsruher Künstlers Emil Wachter (1921–2012), der überwiegend in Süddeutschland tätig gewesen ist, und zeigen Szenen aus dem Alten und Neuen Testament.

INFORMATION
Tourist-Information, Wehratalstr. 19
79682 Todtmoos, Tel. 07652 12 06 85 42
www.todtmoos.de

4 Bad Säckingen

Joseph Victor von Scheffel hat der Stadt (18 000 Einw.) mit seinem „Trompeter von Säckingen" ein literarisches Denkmal gesetzt. Im 19. Jh. war sie Industriestadt, in der Schweizer Unternehmer zu niedrigeren Kosten als in der Schweiz produzieren ließen – bis 1970 schloss Textilbetrieb nach Textilbetrieb. Heute setzt man auf den Thermalkurbetrieb (www.aqualon.de).

SEHENSWERT
Aus dem 13. Jh. ist die früheste **Brücke** über den Rhein bekannt. Im 16. Jh. ersetzte man die Holz- durch Steinpfeiler. Die heutige Holzkonstruktion der längsten gedeckten Holzbrücke Europas (203 m) stammt aus dem 18. Jh. Im **Schloss Schönau** (um 1600) sind Dokumente zur Stadtgeschichte, zur Ur- und Frühgeschichte des Hochrheins sowie eine umfangreiche Trompetensammlung zu sehen (Schönaugasse 5, www.trompetenmuseum.de; April–Okt. Do.–So. 14.00–17.00 Uhr, Nov.–März nur Do. u. So.).

UMGEBUNG
Durch das **Albtal**, die kürzeste Verbindung zwischen St. Blasien und dem Hochrhein bei Albbruck, führt eine dank zahlreicher Tunnel und Galerien eindrucksvolle Gebirgsstraße.

INFORMATION
Tourismus- und Kulturamt
Waldshuter Str. 20
79713 Bad Säckingen
Tel. 0776156 830
www.badsaeckingen.de

5 Wutachtal

Dass die Wutach nach Süden zum Rhein fließt, ist eine erdgeschichtlich noch relativ junge Begebenheit. Zuvor strebte sie der Donau zu. Besonders eindrucksvoll ist die **Wutachschlucht TOPZIEL** nördl. von Bonndorf (siehe auch „Ja natürlich", S. 101).

SEHENSWERT

Ein Schloss (16. Jh.), einst Sommerresidenz der Fürstäbte von St. Blasien, bildet das Zentrum des Schwarzwaldstädtchens **Bonndorf**. Fürstabt Martin Gerbert II. gründete hier 1765 die Waisenkasse, die spätere Sparkasse Bonndorf und damit zweitälteste Sparkasse Deutschlands. Das Schloss ist heute Kulturzentrum des Landkreises Waldshut und beherbergt die Narrenstuben, die ganzjährig einen Einblick in die Fasnet geben (Schlossstr. 9; www.pflumeschlucker-bonndorf.de; Mitte Feb. bis Mitte Nov., Mitte–Ende Dez. Fr. und Sa. 10.00–12.00 und 14.00–17.00, So. 14.00–17.00 Uhr, Mitte Nov.–Mitte Dez. nur So.).

UMGEBUNG

Das Heimatmuseum Hüsli in **Rothaus** vermittelt einen Eindruck vom ländlichen Leben Anfang des 20. Jh.; in den 1980er-Jahren wurde es durch die Fernsehserie „Die Schwarzwaldklinik" als Wohnhaus von Professor Brinkmann bekannt (Hüsli 1, Grafenhausen-Rothaus; Jan. bis Anf. Nov. Di. 13.30–17.00, Mi.–So. 10.00 bis 12.00 und 13.30–17.00 Uhr). Der nördl. Teil des Naturbadesees Schlüchtsee mit seinen Seerosen steht unter Naturschutz, aber ansonsten darf man sich nach Herzenslust im Wasser tummeln und auf der Liegewiese ausruhen.

⑥ Schaffhausen (CH)

Schaffhausen besitzt zwar eine ansehnliche mittelalterliche Altstadt, doch es ist der Rheinfall, der die meisten Reisenden hierherzieht. Um das Jahr 1000 entstand der Ort, da der Rheinfall den Wasserweg vom Bodensee in Richtung Westen unterbrach und einen Umlade- bzw. Stapelplatz samt Landtransport der Waren erzwang.

SEHENSWERT

In der **Altstadt** mit zahlreichen sehenswerten Bürgerhäusern sind das **Kloster Allerheiligen** und das **Münster** zu finden. Das ehem. Benediktinerkloster wurde 1049 gegründet und nach der Reformation aufgelöst; in seinen teilweise noch mittelalterlichen Gebäuden ist das natur- und kunstgeschichtliche **Museum zu Allerheiligen** untergebracht (Klosterstr. 16, www.allerheiligen.ch; Di.–So. 11.00–17.00 Uhr). Die romanische Münsterkirche wurde 1095 geweiht. Die Stadt wird von der im 16. Jh. auf einem Weinberg errichteten Festungsanlage **Munot** überragt; der Rundblick ist eindrucksvoll.

ERLEBEN

Am **Rheinfall** TOPZIEL kann man mit Ausflugsschiffen dicht an das 15 000 Jahre alte Naturdenkmal heranfahren (Abfahrten von Schlössli Wörth und Schloss Laufen April–Okt. tgl., www.rheinfall.ch).

INFORMATION

Schaffhauserland Tourismus
Vordergasse 73, CH-8200 Schaffhausen
Tel. +41 52 632 40 20
www.schaffhauserland.ch

MAL WEIT WEG SEIN

Kein Hupen, kein Bremsenquietschen, höchstens einmal ein Flugzeug ganz hoch oben. Stattdessen Wasserrauschen und Vogelgezwitscher: Für Stunden kann man in der Wutachschlucht in eine Geräuschkulisse eintauchen, die ganz weit weg ist von den sogenannten Errungenschaften der Zivilisation.

Von weit oben kommt die Wutach. Als Seebach fließt sie vom Feldsee am Fuße des Feldbergs zum Titisee, den sie als „gute Ach" oder Gutach wieder verlässt. Erst beim Zusammenfluss mit der Haslach südöstlich vom Titisee wird sie zur „wütenden Ach" oder Wutach und hat sich im Laufe der Jahrtausende tief in die Landschaft eingegraben. Dem letzten ungebändigten Mittelgebirgsfluss Deutschlands kann man in drei Abschnitten folgen. Der schönste ist sicherlich die Wutachschlucht zwischen Schatten- und Wutachmühle. Die gewaltige Erosionskraft der Wutach hat dort Gesteinsschichten freigelegt, die aus dem Erdmittelalter stammen. Da zwischen den hohen Steilwänden ein immerfeuchtes Klima herrscht, ist es selbst im Sommer an manchen Stellen rutschig. Man sollte also auf alle Fälle festes Schuhwerk tragen.

Die Wutachschlucht gehört zu den wildesten Orten im Schwarzwald. Wer hier wandert, muss ein Mindestmaß an Kondition und Trittsicherheit mitbringen.

Mehr als 600 Schmetterlingsarten haben Biologen in der wildromantischen Schlucht gezählt, in der zudem seltene Vögel wie der Wespenbussard und der Eisvogel gesichtet werden können. Sie alle leben in einem 950 Hektar großen Naturschutzgebiet, in dem riesige Farn- und Blütenpflanzen einen Eindruck von Urwald vermitteln.

Die **Wutachschlucht** kann zwischen Mai und Okt. gut in Abschnitten von 10–15 km Länge (3–5 Std.) begangen werden (www.wutachschlucht.de). In dieser Zeit fährt auch der **Wanderbus** (www.dbregiobus-bawue.de). Eventuelle Streckensperrungen der Schlucht: www.wutach.org
Verpflegung sollte man einpacken, da es keine Einkehrmöglichkeiten gibt.

Im Sommer werden **geführte Wanderungen** durch die Schlucht angeboten. Aktuelle Termine unter www.wutachschlucht.de.

*

IN KLARER HÖHE

*

Der östliche Rand des Schwarzwalds ist keine Gegend für
Reben, Spargel oder Erdbeeren.
Rau ist es auf der Baar, wo sich
der Schwarzwald abflacht und
in sanfte Hügel übergeht. Der
Horizont ist weit weg – aber
wenn sich die morgendlichen
Nebelschwaden gehoben haben,
sieht man bis zu den Schweizer Alpen. Einfach grandios.

An Fasnet gehören Rottweils Straßen den bunt
kostümierten Narren.

Die aus dem 18. Jahrhundert stammende frühere Augustinerklosterkirche in Oberndorf am Neckar dient heute kulturellen Veranstaltungen.

Zentrum Rottweils ist die bürgerlichen Wohlstand ausstrahlende Hauptstraße.

In Donaueschingen ist die Donauquelle zu finden – im Hintergrund sieht man das barocke Schloss.

Das Rottweiler Heilig-Kreuz-Münster ist für seine Ausstattung bekannt. Besonders sehenswert sind das Gewölbe im Südschiff und die „Rottweiler Madonna".

Wenn in der Rheinebene schon alles in Blüte steht, ist es auf der Baar noch ziemlich kahl. Aber die Bewohner der Hochebene haben einen guten Ausgleich für die frühe Blüte in tieferen Lagen. Sonnenstunden im Winter, während im Tal der Nebel hängt und man fast sehen kann, wie dick die Luft da unten ist. Dann atmet man auf der Baar tief durch. Das reizmilde, voralpine Höhenklima hat Bad Dürrheim den Titel „heilklimatischer Kurort" eingebracht. Für Menschen mit Atemwegserkrankungen eine Wohltat, ebenso wie die Solebäder. Als man 1822 das große Salzlager unter Dürrheim entdeckte, dachte noch keiner daran, dass dadurch der Ort rund 100 Jahre später zum „Bad" geadelt werden würde. Die Salinenanlage, heute Haus des Bürgers und Haus des Gastes, wurde für die Produktion von Speisesalz gebaut. Die Wandlung zum Badeort setzte erst gegen 1890 ein.

GELEBTE TRADITIONEN

Mit der Figur des Salzhansel haben die Dürrheimer den Bodenschatz ihrer Stadt in die Fastnacht aufgenommen. Je nach Körpergröße werden bis zu 1000 Säckchen gebraucht, um das Häs, wie das Kostüm in der schwäbisch-alemannischen Fastnacht genannt wird, zu nähen. Alle sind mit Salz gefüllt, und entsprechend schwer haben die Narren zu tragen. Während des Jahres sind die „Salzhansele" und mehr als 300 weitere Figuren im „Narrenschopf" zu sehen, dem Fastnachtsmuseum der schwäbisch-alemannischen Narrenzünfte im Kurpark von Bad Dürrheim. Seine markanten Kuppeldächer stammen von einer stillgelegten Saline in Rottweil.

Die Fastnacht ist eine der Traditionen, von denen auf der Baar noch viele gepflegt werden. Man feiert Kirchweih, stellt bunt geschmückte Maibäume auf oder trifft sich bei einem der zahlreichen Feste der Vereine. Kurz nach Pfingsten, am Tag vor Fronleichnam, schwärmen die Hüfinger aus und pflücken kiloweise

Auf der Sauschwänzlebahn ist alles möglich –
auch eine Heizerin.

Das Biesenbach-Viadukt nordwestlich von Epfenhofen zeigt sich als
imposante Bogenbrücke von 252 Metern Länge.

Das Villinger Münster ist nicht nur architektonisch interessant,
es besitzt auch ein eindrucksvolles Glockenspiel.

Bis heute ein Jungentraum: Lokführer auf
der Sauschwänzlebahn

Wiesenblumen. Mit diesen legen sie am Feiertag noch vor Sonnenaufgang einen bis zu 600 Meter langen, herrlich bunten Blumenteppich für die spätere Prozession.

ÄLTESTE STADT

Was Traditionen angeht, hält die alte Reichsstadt Rottweil die Fahne ebenfalls sehr hoch. Schon am 1. Januar geht es los mit dem Neujahrsschießen der historischen Bürgerwehr. Lautstark begrüßen die kleinen Kanonen das neue Jahr. An der Fasnet kann man dann hören, was das alte Jahr so gebracht hat, wenn die Narren einzelnen Bürgern am Straßenrand dies und das aus ihren Büchlein aufsagen. Und das alles vor den nahezu unversehrten Patrizierhäusern an der Hauptstraße. Erker und Stechschilder kennzeichnen die alten Gebäude. Die Schilder, kunstvolle schmiedeeiserne Gebilde, waren im 16. Jahrhundert vorgeschrieben, damit man erkennen konnte, welches Handwerk in welchem Haus seine Heimat hatte. – Die heutige Stadt Rottweil ist eine Staufergründung und jüngster Spross einer langen Entwicklung. Siedlungsspuren weisen 4000 Jahre zurück: Rottweil darf sich die älteste Stadt Baden-Württembergs nennen.

VERBINDUNG DER GEGENSÄTZE

Wesentlich jünger ist die Bindestrich-Stadt Villingen-Schwenningen. Im Zug der Gemeindereform wurde hier 1972 zusammengefügt, was eigentlich nicht zusammengehörte. Auf der einen Seite die Zähringer-Gründung Villingen, eine stolze Stadt, badisch und katholisch. Auf der anderen Seite das eher dörfliche Schwenningen, württembergisch, protestantisch und nur dank seiner Uhrenindustrie bedeutsam.

Es gab Zeiten, da nannte sich Schwenningen „größte Uhrenstadt der Welt." 1855 hatte Johannes Bürk die Württembergische Uhrenfabrik gegründet, um die von ihm erfundene tragbare Nachtwächterkontrolluhr zu bauen, der Beginn der modernen Zeiterfassung am Arbeitsplatz. Zur Blüte brachte die Uhrenherstellung allerdings die Produktion des – heutzutage fügen wir das Wort hinzu: analogen – Weckers, wie er einst auf nahezu jedem Nachtschrank stand und ab dem Ende des 19. Jahrhunderts zum Standardprodukt avancierte. Nun ist die Uhrenfabrik ein Museum, und damit gleich klar ist, wo man sich befindet, darf jeder Besucher seine Besuchszeit auf einer Stempelkarte erfassen.

Ebenfalls allein zu Schwenningen gehört der Neckar. Er entspringt im Naturdenkmal Schwenninger Moos im Süden der Stadt. Ende der 1970er-Jahre war das 5000 Jahre alte Hochmoor stark bedroht, Straßen und Parkplätze rückten immer näher. Es drohte auszutrocknen und zu verwalden. 1983 begann die Sanierung, doch die Erholungsphase eines Mooses ist sehr langwierig. Über Stege kann man es erwandern und sieht dabei auch noch die Grenzsteine, die einst Baden von Württemberg getrennt haben.

MIT FÜRSTLICHEM GLANZ

Die Brigach verbindet Villingen-Schwenningen mit dem noch immer stark von der fürstlich Fürstenberger Familie geprägten Donaueschingen. Im 13. Jahrhundert errichteten sie hier die Burg Fürstenberg, wenig später gründeten sie die gleichnamige Brauerei, und seit 1723 ist das Donaueschinger Schloss Residenz der Familie. An bestimmten Sonntagen dürfen auch Bürgerliche Einblick in das fürstliche Leben nehmen.

WER ERFAND DIE NACHT-
WÄCHTERKONTROLLUHR?

Im benachbarten Kurpark lädt die gefasste Donauquelle zu einem Blick ins noch unbelastet glasklare Wasser. Die Skulptur der Mutter Baar hält ihre Tochter Donau im Arm und weist ihr vorausschauend den Weg nach Osten. Der eigentliche Zusammenfluss von Brigach und Breg, die nach der Schulweisheit die Donau „zuweg bringen", liegt allerdings etwas östlich von Donaueschingen.

FasnEt

ALLES ANDERE ALS KARNEVAL

Am längsten von allen Figuren treibt der Teufel sein Unwesen in der schwäbisch-alemannischen Fasnet. Wenn es am Dreikönigstag heißt „'s goht dagega", steht er ebenso parat wie die vielfältigen anderen Hästräger in den unzähligen Narrennestern im Ländle.

Kalt ist es eigentlich immer, und je nachdem wie früh Ostern und damit die Fastnachtszeit im Jahr liegt, ist es auch noch dunkel, wenn die Rottweiler und ihre Gäste sich am frühen Morgen entlang der historischen Hauptstraße aufreihen. Kein Mensch grüßt den anderen mit einem „guten Morgen". „Hu-hu-hu" rufen sie sich von Fenstern und Balkonen und auf der Straße zu, die meisten sind dick eingemummelt, die wenigsten verkleidet. Kurz vor acht wird es dann allmählich ruhiger, schließlich will keiner die Glockenschläge verpassen, die den Beginn des historischen Narrensprungs ankündigen. „Sie kommet", raunt es durch die Menge. Hoch zu Ross passieren Reiter das Schwarze Tor, begleitet von der Jugend der Stadtkapelle, die den „Alten Jägermarsch" spielt. Für Stunden wird nun in den Straßen der alten Reichsstadt keine andere Musik mehr zu hören sein als diese Melodie im Wechsel mit dem Rottweiler Narrenmarsch.

SOGAR IN DER TAGESSCHAU

Der Rottweiler Narrensprung steht wie keine andere Veranstaltung für die Fasnet im Süden und schafft es am Rosenmontag häufig in die Tagesschau neben die Karnevalshochburgen am Rhein. Kein Wunder, dass am frühen Montagmorgen immer viel, vor allem politische, Prominenz den Weg in Baden-Württembergs älteste Stadt findet. Von den Einheimischen bevorzugen manche deshalb die Narrensprünge am Fastnachtsdienstag, wenn die „Großkopfeten" schon wieder weitergezogen sind.

FESTE ORDNUNG

So bunt die Narrenschar auch ist, der Ablauf des Rottweiler Narrensprungs folgt einer festen Ordnung. Nach der Jugendkapelle führt „Till" den Narrensamen, verkleidet als Bajasse, durch das Schwarze Tor. Dahinter wird es wild, denn zwei „Rössle" tauchen mit ihren peitschenschlagenden Treibern auf. Sie sind die Vorhut der historischen Narrenschar, angeführt vom Narrenengel, der das Motto der Rottweiler Fasnet mit sich trägt: „Niemand zu Leid – jedem zur Freud". Das beherzigen auch Gschell, Biss, Fransenkleidle und Schantle, wenn sie mit ihren großen Büchern auf den einen oder anderen zugehen und ihm „aufsagen". Da kommen dann in Reimform Missgeschicke oder andere Ereignisse des abgelaufenen Jahres zum öffentlichen Vortrag. Immer zur Freud? „Naro, kugelrund – d' Stadtleut sind wieder älle xond", rufen die Kinder, bis die Narren auf sie aufmerksam werden und ihnen ein paar Süßigkeiten in die Hand drücken. Oder der Federahannes angestürmt kommt und sie mit einem parfümierten Wedel „abstaubt".

Ein Federahannes beim Narrensprung in Rottweil, dem Überrest eines früheren Narrentanzes. Auch in Elzach sind am Fasnachtssonntag die Narren los beim großen Schuttigumzug, zur Freude auch der Kinder (ganz oben).

Rottweil am Rosenmontag: Ein „Gschell" verteilt Brezeln an die Zuschauer.

SO CHAOTISCH DAS NARRENTREIBEN MANCHERORTS AUCH WIRKT, ES FOLGT IMMER EINEM STRENGEN REGLEMENT.

"Tschako" heißt die auffällige Kopfbedeckung beim Schuttigumzug am Fastnachtssonntag in Elzach (rechts); „Fransenkleidle" beim Rottweiler Narrensprung-Umzug (rechte Seite)

FASNET BOOMT

Ende des 19. und Anfang des 20. Jahrhunderts hat sich die schwäbisch-alemannische Fasnet allmählich wieder vom rheinischen Karneval abgesetzt, der für einige Jahrzehnte mit seinen Bällen und Saalfastnachten das volkstümliche Feiern verdrängt hatte. Seitdem achten die Narrenverbände auf die Wahrung der Tradition. Die große Zahl der neu gegründeten Zünfte in den vergangenen Jahren, vor allem der Boom der Hexen, gefällt einigen ganz und gar nicht. Für

den Volkskundler und Fastnachtsexperten Werner Mezger kein Grund zur Aufregung. Der gebürtige Rottweiler sieht darin eher ein Zeichen dafür, wie lebendig das Brauchtum ist. Für ihn sind die Fastnachtsfiguren eines Ortes wie eine Visitenkarte, weiß man doch schnell, welche Tiere dort eine Rolle spielen, welche Persönlichkeiten dort gelebt haben oder in welcher Landschaft der Ort liegt: Schneckehüsli-Narro, Pflumeschlucker, Salzhansel, Spättlemadlee oder Tannenzäpfle sind nur wenige Beispiele für die sprechenden Namen, die den Einheimischen viel sagen.

Die Mobilität unserer Zeit hat Bewegung in die Narren gebracht. Zwischen Dreikönig am 6. Januar und Aschermittwoch ziehen sie von Umzug zu Umzug, manchmal in ganz kleinen Gruppen. „Fastnachts-Tourismus" schimpfen Kritiker und verweisen darauf, dass die Fasnet ursprünglich ein ortsgebundenes Brauchtum war, so wie die Villinger noch heute konsequent ausschließlich in ihrer Stadt feiern. Bei den Rottweilern ist das fast genauso. Nur alle drei, vier Jahre treffen sie sich mit den Schuttigen von Elzach, den Oberndorfer Narros und den Überlinger Hänsele, den anderen Mitgliedern des sogenannten Viererbunds, der sich vor Jahrzehnten aus Protest gegen das zerfließende Brauchtum zusammengefunden hat.

Informationen

....

Rottweiler Narrensprung:
Rosenmontag 8.00, Fastnachtsdienstag 8.00 und 14.00 Uhr

Alle Termine der Vereinigung Schwäbisch-Alemannischer Narrenzünfte im „Narrenfahrplan" unter www.vsan.de

Fasnet ganzjährig im Museum:
Narrenschopf, Luisenstr. 41, Bad Dürrheim
www.narrenschopf.de, Di.–Sa. 14.00–17.00, So. 11.00–17.00 Uhr
Narrenstuben, Schloss Bonndorf, www.pflumeschlucker-bonndorf.de, Mitte Feb.–Mitte Nov. und Mitte–Ende Dez. Fr. und Sa. 10.00–12.00, 14.00–17.00, So. 14.00–17.00 Uhr, Mitte Nov. bis Mitte Dez. nur So.
Fasnetmuseum, Turmstr. 14, Freiburg
www.breisgauer-narrenzunft.de; Sa. 10.00–14.00 Uhr
Oberrheinische Narrenschau, Alte Schulstr. 20, Kenzingen
www.kenzingen.de; Jan.–Nov. Sa., So., Fei. 14.00–17.00 Uhr

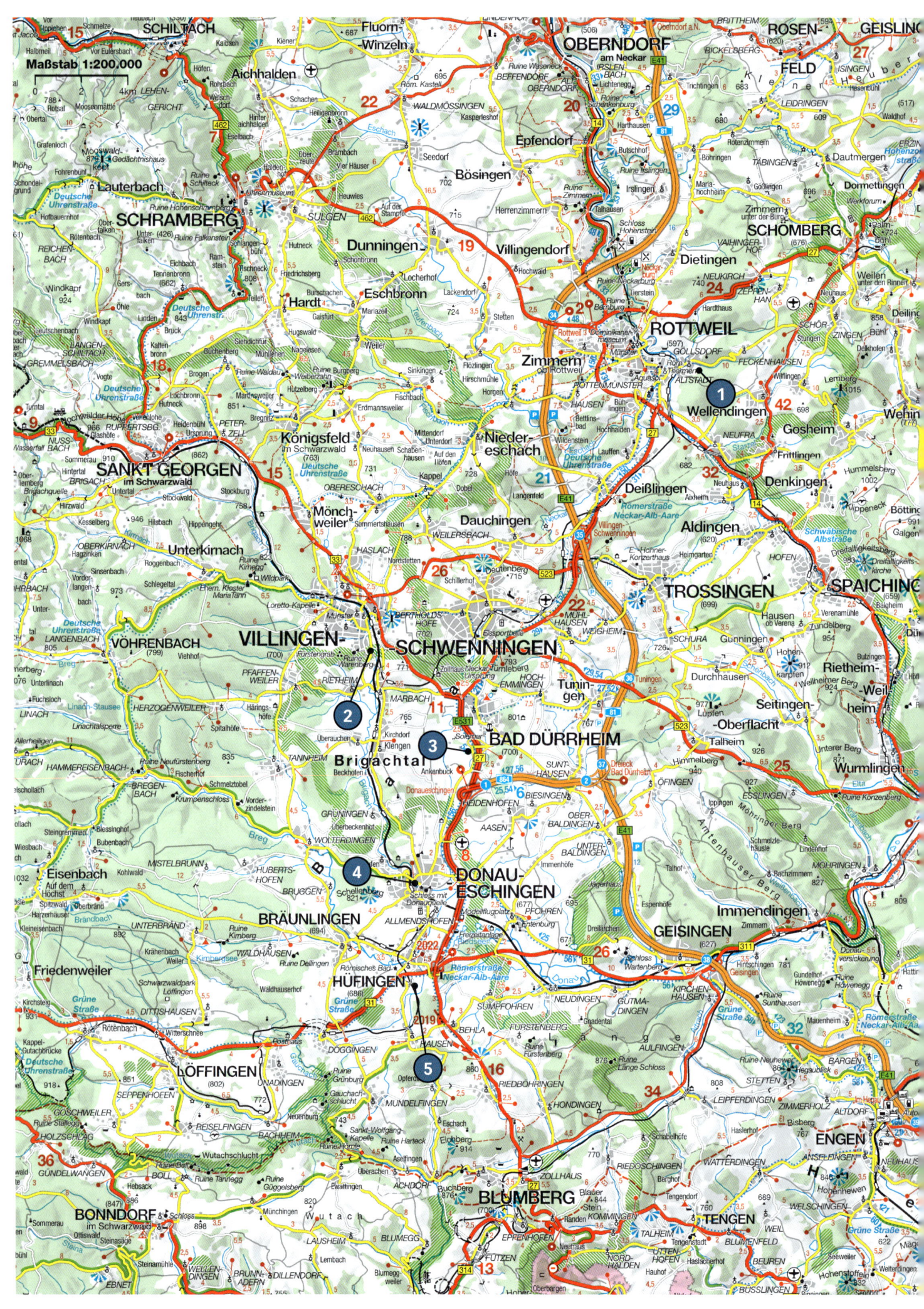

DIE FRISCHE HOCHEBENE

Zwischen Schwarzwald und Schwäbischer Alb liegt die Baar auf 670 bis 750 m über Meereshöhe. Die klare Luft zieht nicht nur Heilbedürftige, Wanderer und Radler an. Rottweil, Villingen-Schwenningen, Donaueschingen und Bad Dürrheim gehören auch zu den Hochburgen der alemannischen Fastnacht.

❶ Rottweil

Die Geschichte der ältesten Stadt Baden-Württembergs (25 500 Einw.) reicht zurück bis in die Zeit der „Bandkeramik" (2000 v. Chr.). Um 73 n. Chr. gründeten die Römer die Siedlung Arae Flaviae. 771 wurde der Königshof Rotuvilla erwähnt, der in der Karolingerzeit zum bedeutenden Gerichtsort und Verwaltungszentrum aufstieg. Im Spätmittelalter zählte das Rottweiler Hofgericht zu den bedeutenden in Deutschland. Dic Staufer gründeten im 12. Jh. die heutige Stadt.

SEHENSWERT

Das **Heilig-Kreuz-Münster** geht auf das 13. Jh. zurück; um 1230 entstanden die drei Untergeschosse des Turms mit der Rundbodenpforte. Im 15. Jh. wurde die Kirche, die sich dem natürlichen Stadtgefälle angleicht, gotisch umgestaltet. Chor mit Sakristei und dreischiffiges Langhaus mit vielseitig verzweigten Netzgewölben entstanden. Sehenswert sind ein überlebensgroßes gotisches Kruzifix, der Apostelaltar, die Zunftlaternen und das spätgotische Gnadenbild am Marienaltar. Jede der Bankwangen (überwiegend 18. Jh.) ist unterschiedlich gestaltet. Das **Schwarze Tor** in der Oberen Hauptstraße war Teil der staufischen Stadtbefestigung (um 1230), später wurde es um drei Gefängnis-Stockwerke aufgestockt. Nebenan liegt der **Hübsche Winkel**, ein Bürgerhaus mit einem Knick von 45 Grad in der Fassade; seinen Namen verdankt es dem reichen plastischen Schmuck. Über die **Hauptstraße** mit erkergeschmückten Patrizierhäusern gelangt man am Marktbrunnen vorbei rechts in die Hochbrücktorstraße zur **Kapellenkirche** (1320), Wahrzeichen der Stadt mit schönem gotischen Turm. Hoch über der Altstadt steht der **Hochturm**, ein staufischer Buckelquaderbau mit Rundumsicht auf Neckartal, Schwäbische Alb und Schwarzwaldvorland.

MUSEEN

Reichsstadtgeschichte und die Rottweiler Fasnet sind Themen im **Stadtmuseum** (Hauptstraße 20; Di.–So. 14.00–16.00 Uhr). Im **Dominikanermuseum** bilden Römer und mittelalterliche Skulpturen den Schwerpunkt (Kriegsdamm 4, www.dominikanermuseum.de; Di.–So. 10.00–17.00 Uhr). Die Geschichte der Salzgewinnung bis zur Schließung der Saline im

Uhrenhandwerk im Schwenninger Heimatmuseum (links). Brav wacht der Rottweiler vor dem Rottweiler Stadtmuseum (rechts).

Jahr 1969 zeigt das **Salinenmuseum** (Unteres Bohrhaus 1, www.salinenmuseum-rottweil.de; Mai–Sept. So. und Fei. 14.30–17.00 Uhr). Kindheitserinnerungen werden im **Puppen- und Spielzeugmuseum** geweckt (Hauptstr. 49, www.puppenmuseum.de; Mi.–Fr. 10.00 bis 12.30, 14.00–17.30, Sa. 10.00–12.30, So., Fei. 14.00–17.00 Uhr). Von der 232 m hoch gelegenen Besucherplattform am **Testturm Rottweil** – Thyssenkrupp testet hier Aufzuginnovationen (Berner Feld 60, https://testturm.tkelevator.com/global-de; Fr.–So., Fei. 10.00 bis 18.00 Uhr, in den Ferien tgl.) – blickt man bei guter Sicht bis in die Schweizer Alpen.

HOTELS/RESTAURANTS

Im Restaurant, Bistro oder im Sommer im Garten unter einer Linde essen? In der €€ **Linde-Post** bei Rottweil kocht Familie Kühn regionale und leckere Kost (Alte Hausener Str. 8, 78658 Horgen, Tel. 0741 3 33 33, www.lindepost.de).

UMGEBUNG

Im **Tal der Eschach** südw. von Rottweil lassen sich eine Vielzahl Biotope entdecken, in denen seltene Tiere und Pflanzen leben. Eisenhut, Türkenbundlilie, Märzenbecher, ja sogar

Orchideen kann man finden. Vom Schwarzen Tor in Rottweil aus folgt man ab der Schramberger Straße dem Symbol „Rotes Kreuz" bis zur Wildensteinbrücke. Dann geht es mithilfe der „Roten Gabel" wieder zurück in die alte Reichsstadt.

INFORMATION

Tourist-Information, Hauptstr. 21
78628 Rottweil, Tel. 0741 49 42 80
www.tourismus-rottweil.de

❷ Villingen-Schwenningen

Die Bindestrich-Stadt (88 300 Einw.) brachte 1972 die 1119 gegründete badische Zähringerstadt Villingen mit dem württembergischen, im 19. Jh. industrialisierten Dorf Schwenningen zusammen. Im Gegensatz zum badischen Villingen ist Schwenningen protestantisch.

SEHENSWERT

Die **Altstadt** von Villingen mit Patrizierhäusern und Münster lädt zum Bummeln ein. Mit dem

Bau des **Münsters Unserer lieben Frau**
wurde 1130 romanisch begonnen, 1284 wurde
es gotisch fertiggestellt, nachdem beim Stadtbrand 1271 Teile des Gebäudes zerstört worden waren. Das Glockenspiel gilt als eines der
größten in Süddeutschland (10.05, 12.05, 15.05
und 18.05 Uhr). Das rechtwinklige Achsenkreuz
der Hauptstraßen ist typisch für Zähringergrün-
dungen. Die Achsen verbanden vier Stadttore,
von denen das **Obertor, Riettor** und **Bicken-
tor** erhalten sind. Die innere **Stadtmauer** (um
1200) steht noch in weiten Teilen. In der Innenstadt Schwenningens ist die ev. **Stadtkirche**
das älteste Gebäude des Ortes, gefolgt vom
Pfarrhaus von 1747 in Fachwerkarchitektur.
Zum **Schwenninger Moos** siehe „Unsere
Favoriten", S. 31.

MUSEEN

Villingen: Der Stadtgeschichte, dem Schwarzwald und der Fasnet widmet sich das
Franziskanermuseum (Rietgasse 2; www.
franziskanermuseum.de; Di.–Sa. 13.00–17.00,
So. und Fei. 11.00–17.00 Uhr).
Industriegeschichte ist im ehem. Gebäude der
Württembergischen Uhrenfabrik mit allen
Sinnen zu erleben; Besucher erhalten Einblicke
in die Produktion eines Weckers und können
im Besucherlaboratorium Funktionsprinzipien
einer Uhr nachvollziehen (Uhrenindustrie-
museum, Bürkstr. 39, www.uhrenindustriemu
seum.de; Di.–Sa. 13.00–17.00, So. ab 11.00 Uhr).

RESTAURANTS

Eine riesige Getränkekarte und eine ebenfalls
große Auswahl an Speisen zeichnet das
€€ Gasthaus Ott mitten in der Villinger Alt-

Tipp

Unterwegs mit der Sauschwänzlebahn

Wie sich der Schwanz eines Schweins
ringelt, so windet sich die Eisenbahn-
strecke zwischen Zollhaus-Blumberg
und Weizen über Bögen, Kehrschleifen
und Deutschlands einzigen Spiraltunnel,
um durchschnittlich 2,4 % Steigung zu
überwinden. 1887–1890 als „Kanonen-
bahn" gebaut, um Soldaten schnell aus
dem Hinterland an die Grenze zu Frankreich zu bringen, war diese Bahnstrecke
nie wirklich attraktiv. Durch die vielen
Windungen und Schleifen verlängern
sich die 9,6 km Luftlinie auf 26 km
Schienenweg. Eisenbahnfreunde freuen
sich darüber, denn von Mai bis Okt. können sie hier auch unter Dampf fahren.

INFORMATION

Bahnhof Zollhaus, Bahnhofstr. 1
Blumberg, nordöstl. Stühlingen
Tel. 07702 5 13 00
www.sauschwaenzlebahn.de

stadt aus. Hier finden auch Vegetarier etwas
Leckeres (Färberstraße 36, Villingen, Tel. 07721
2 88 44, www.gasthaus-ott.de).

UMGEBUNG

Trossingen (nordöstl.) setzt auf Natur und
verwandelte seine Badeanstalt in ein Naturbad
mit Sprungfelsen, Wasserseilbahn und Liegewiese mit alten Bäumen (www.trossingen.de;
Mai–Mitte Sept. tgl. 11.00–20.00 Uhr).

INFORMATION

Tourist-Information, Rietgasse 2
78050 Villingen-Schwenningen
Tel. 07721 82 23 40
www.villingen-schwenningen.de

❸ Bad Dürrheim

889 erstmals erwähnt, begann der Aufschwung
von Bad Dürrheim (13 500 Einw.) mit der Salzgewinnung im 19. Jahrhundert.

SEHENSWERT

Der nach der badischen Großherzogin Luise
benannte **Kurpark** hat einen wertvollen alten
Baumbestand und mehrere Wasserspiele.
Im **Narrenschopf** sind rund 300 Narrenfiguren
zu sehen (siehe S. 110). Die Geschichte der
Saline präsentiert das **Heimatmuseum** (Sali-
nenstraße 1; So. 14.00–17.00 Uhr).

HOTEL UND RESTAURANT

Reichhaltiges Wellness-Angebot und gute
Küche verspricht das **€ € Waldeck Spa Hotel**
(Waldstraße 18, Tel. 07726 66 31 00, www.hotel-
waldeck.com).

INFORMATION

Tourist-Information
Luisenstr. 7, 78073 Bad Dürrheim
Tel. 07726 66 62 66
www.badduerrheim.de

❹ Donaueschingen

Die ehem. Residenzstadt (1653–1806; 22 300
Einw.) und Sitz der Fürsten zu Fürstenberg ist
seit 1921 auch Heimat des ältesten Festivals

Das CHI Donaueschingen zählt zu den bedeutendsten Reitturnieren Europas.

für Neue Musik, der Donaueschinger Musiktage. Die nach dem Stadtbrand von 1908 wieder aufgebaute Innenstadt ist von Gebäuden
des Jugendstils geprägt.

SEHENSWERT

Das als Barockanlage um 1725 errichtete
Schloss TOPZIEL wurde 1893–1896 historis-
tisch umgestaltet. Da die fürstliche Familie im
Schloss wohnt, sind Besichtigungen nur an
einigen Sonntagen möglich (Termine unter
www.fuerstenberg-kultur.de). Während sich
das Innere des Schlosses mehr am französischen Renaissance- und Barockgeschmack
orientiert, ist der Schlosspark als englischer
Landschaftsgarten gestaltet. Direkt beim
Schloss findet sich die gefasste **Donauquelle**.
Am Rand des Schlossparks liegt zudem die
Stadtkirche St. Johann, im Jahr 1723 im
böhmischen Barockstil erbaut.

MUSEEN

Die **Fürstlich Fürstenbergische Sammlun-
gen** im Karlsbau neben dem Schloss zeigen
Kunstwerke von mittelalterlichen Tafelgemäl-
den und Skulpturen bis zu zeitgenössischen
Arbeiten von Anselm Kiefer (Am Karlsplatz 7,
www.fuerstenberg-kultur.de; April–Nov. Di.–So.
11.00–17.00 Uhr). „Bitte anfassen" heißt es im
Kinder- und Jugendmuseum. Experimente
zu den Themen Natur, Technik und Mensch
fordern zum Mitmachen auf (Haldenstr. 5,
www.kijumu-donaueschingen.de; Di.–Fr.
14.00–17.30, Sa., So. und Fei., in Ferien Di.–So.
10.00–17.30 Uhr).

ERLEBEN

Weltruf genießt das **Internationale Reittur-
nier** im Sept. mit einem Festumzug, an dem
Reiter, Fanfarenzüge und Kutschen teilnehmen.
Einen internationalen Ruf haben die **Donaueschinger Musiktage** im Oktober (www.swr.
de/swr2; Karten langfristig vorbestellen!).

RESTAURANTS

Seit 1283 bereits wird in Donaueschingen Bier
gebraut. Damals erhielt Graf Heinrich von Fürstenberg die Stadt mit der Grafschaft Baar zum
Lehen und damit die Kontrolle über das Brau-
recht (Postplatz 1, Tel. 0771 8 62 06, www.
fuersten berg.de; Besichtigung Fr. 14.30 Uhr

nach Anm.). Wo schmeckt das Bier besser als direkt an der Quelle? Das **€ Bräustüble** bietet neben frisch gezapftem Fürstenberg regionale Spezialitäten (Postplatz 1, Tel. 0771 36 69, www. braeustueble-ds.de; tgl. 11.00–23.00 Uhr).

INFORMATION
Tourist-Information, Karlstr. 58
78166 Donaueschingen, Tel. 0771 85 72 21
www.donaueschingen.de

⑤ Hüfingen

Die Altstadt steht unter Denkmalschutz. Zunehmend leer stehende landwirtschaftliche Gebäude wurden zu Wohnungen umgebaut.

MUSEEN
Das Kastell Hüfingen bildete zu Römerzeiten den Abschluss des Donaulimes. Eine knapp 600 m² große **Thermenanlage** ist heute noch in ihrer Grundstruktur zu sehen (www. badruine-huefingen.de; Mai–Okt. So. und Fei. sowie Sommerferien in Baden-Württemberg tgl. 14.00–17.00 Uhr). Ein historisches Klassenzimmer und Utensilien, mit denen Generationen von Schülern schreiben, lesen und rechnen gelernt haben, wecken im **Schulmuseum** unterschiedlichste Erinnerungen (Bahnhofstr. 10; 1. So. im Monat 14.00–17.00 Uhr).

ERLEBEN
Experten aus Deutschland, der Schweiz und Frankreich treffen sich am 2. Sept.-Wochenende zu den **Internationalen Keramikwochen** mit Töpfermarkt.

HOTELS/RESTAURANTS
Ein klassischer Landgasthof mit gutbürgerlicher regionaler Küche ist das **€ € Rössle**. Vom Fürstenberg aus genießt man weite Blicke über den Schwarzwald (Zähringerstr. 12, 78183 Hüfingen-Fürstenberg, Tel. 0771 6 00 10, www.hotel-zum-roessle.de).

UMGEBUNG
Um 1200 ließen die Herzöge von Zähringen im heutigen **Bräunlingen** eine Stadt mit vier Toren, mit Stadtmauer und Graben bauen – auf einem Gelände, das schon die Alemannen bewohnt hatten. 1305 erhoben die Habsburger Bräunlingen zur Stadt. Das Kelnhofmuseum zeigt in einem typischen Haus der Baar Werkstätten und Arbeitsgeräte des bäuerlichen Lebens sowie Trachten und Wohnstuben (Zwingelgasse 1, www.kelnhofmuseum.de; 1. So. im Monat 14.00–17.00 Uhr). Der **Kirnbergsee** weiter westl. gilt als wärmster Badesee im Südschwarzwald (www.kirnbergsee.de).

INFORMATION
Kultur- und Informationsamt
Hauptstr. 18, 78183 Hüfingen
Tel. 0771 60 09 24, www.huefingen.de
Amt für Tourismus, Kultur und Sport
Kirchstr. 3, 78199 Bräunlingen
Tel. 0771 61 90 0
www.braeunlingen-tourismus.de

TIEFE ENTSPANNUNG IM SALZ

Mal wieder so richtig tief durchatmen. Die Herausforderungen des Alltags hinter sich lassen. Einfach auf dem Wasser dahinschweben und spüren, wie leicht es sich anfühlt, wenn man nur noch ein Zehntel seines Gewichts hat. Das alles geht in der Solemar-Therme von Bad Dürrheim.

Aus rund 320 Metern Tiefe holen die Bad Dürrheimer Reste eines urzeitlichen Meeres ans Tageslicht: Sole mit einem Salzanteil von 27 Prozent. Eine so hohe Konzentration ist allerdings zu viel des Guten, weshalb sie mit Süßwasser aus einer eigenen Quelle verdünnt und auf eine Temperatur von bis zu 37 Grad Celsius erwärmt wird. Dann stimmen die Voraussetzungen, um Gelenke und Wirbelsäule zu entlasten, die Atemwege zu befreien und Herz und Kreislauf zu stärken.

Ein Gang in die Therme von Bad Dürrheim dient der Gesundheit wie der Entspannung. Ganz nebenbei bekommt man auch eine wunderbar glatte Haut.

Das erste Badehaus bauten die Dürrheimer 1851, allmählich orientierten sie sich in der Folge von der Salzgewinnung Richtung Gesundheit um. 1921 erhielten sie dafür das Prädikat „Bad", später sogar „Heilbad", das durch die Auszeichnung als heilklimatischer Kurort ergänzt wurde. Entlastend, stärkend und befreiend ist auch der Aufenthalt in der Toten-Meer-Salzgrotte. 45 Minuten darf man es sich auf einer Liege bequem machen, umgeben von 9500 naturreinen Salzziegeln. 23 Grad Celsius warm ist der Raum, in dem Licht- und Klangeffekte eine beruhigende Atmosphäre schaffen. Wer es gerne wärmer hat, wechselt in die Schwarzwaldsauna, die ordentlich einheizt.

Huberstr. 8, Bad Dürrheim, www.solemar.de
Therme: tgl. 9.00–22.00, Fr. bis 23.00 Uhr, Eintritt 15,90 €, Familienkarte 33,90 €; Tageskarte einzeln 17,90 €, Familien 37,90 €
Sauna: tgl. 10.00–22.00, Fr. 10.00–23.00 Uhr, Eintritt 22,90 €, Tageskarte 25,50 €; vielfältige Wellness-Angebote, auch als Tagesarrangements. Am Wochenende alle Preise plus 1 €.

HILFREICH & NÜTZLICH

Keine Reise ohne Planung. Auf den folgenden Seiten haben wir für Sie Wissenswertes und wichtige Informationen für Ihren Schwarzwald-Urlaub zusammengefasst.

Die Sauschwänzlebahn zuckelt durch den Naturpark Südschwarzwald.

Anreise

Mit dem Auto: Den Oberrheingraben, den Kaiserstuhl und den westlichen Schwarzwald erreicht man am besten über die Autobahn A 5 (Karlsruhe–Basel). Zum Hotzenwald fährt man südl. von Efringen-Kirchen auf die A 98. Und die Autobahn A 81 (Stuttgart–Singen) führt in den östlichen Schwarzwald und auf die Baar.

Mit dem Motorrad: Die Tourismusmanager des Schwarzwalds empfehlen Touren mit unterschiedlichem Schwierigkeitsgrad, um mit dem Motorrad die Region zu erkunden (www.schwarzwald-tourismus.info/erleben/adrenalin/motorrad). Die frühere Rennstrecke auf den Schauinsland ist zwischen April und Okt. an Wochenenden und Feiertagen allerdings für Motorräder gesperrt.

Mit dem Zug: Richtung Basel fahren sowohl ICE als auch IC, die auch in Freiburg halten. Seit Sommer 2023 fährt Fr. und Sa. ein ICE von Hamburg nach Konstanz über die aussichtsreiche Strecke der Schwarzwaldbahn mit mehreren Haltepunkten. Wer mindestens eine Übernachtung gebucht hat, kann ohne Zugbindung auch mit dem reduzierten RIT-Schwarzwald-Ticket anreisen.

Mit dem Flugzeug: Der EuroAirport Basel-Mulhouse-Freiburg wird u. a. von Berlin, Hamburg, Frankfurt und München aus angeflogen.

Auskunft

Schwarzwald Tourismus GmbH: Kompetenzzentrum Tourismus Wiesentalstr. 5, 79115 Freiburg, Tel. 0761 89 64 60, www.schwarzwald-tourismus.info

Tourist-Information Freiburg: Rathausplatz 2, 79098 Freiburg, Tel. 0761 38 81 88 0, www.visit.freiburg.de

Hochschwarzwald Tourismus GmbH: Freiburger Straße 1, 79856 Hinterzarten, Tel. 07652 1 20 60, www.hochschwarzwald.de

Hotzenwald Tourismus GmbH: Hauptstr. 28, 79737 Herrischried, Tel. 07764 92 00 40 www.hotzenwald-schwarzwald.de

Info

Tourismusbüro Naturgarten Kaiserstuhl: Marktplatz 16, 79206 Breisach, Tel. 07667 94 26 73, www.naturgarten-kaiserstuhl.de

Kinzigtal Tourismus: Hauptstr. 41, 77709 Wolfach, Tel. 07834 2 38 00 90, www.schwarzwald-kinzigtal.info

Elektro-Mobilität

An zahlreichen Stellen gibt es im Südschwarzwald Ausleihstationen für E-Bikes und Wechselstationen für Akkus. Auf der Webseite www.ebike-schwarzwald.de sind alle Stationen verzeichnet. Wer eine Hochschwarzwald Card hat, kann sich ein E-Auto drei Stunden kostenlos für eine Ausflugsfahrt ausleihen.

Ermäßigungen

Mit der **KONUS-Gästekarte** fahren Urlauber im Schwarzwald kostenlos Bus und Bahn. Rund 9000 Gastgeber in fast 150 Schwarzwaldgemeinden überreichen diese Karte den Urlaubsgästen bei der Ankunft (www.schwarzwald-tourismus.info).

Ab zwei Übernachtungen halten mehr als 500 Gastgeber im Hochschwarzwald für ihre Gäste die **Hochschwarzwald Card** bereit, die freie Fahrt mit Bergliften oder mit Booten auf dem Titisee und dem Schluchsee beinhaltet, freien Eintritt in zahlreiche Freizeiteinrichtungen und Zugang zu einem der Elektro-Autos, die bei mehreren Gastgebern stationiert sind (www.hochschwarzwald.de).

Essen und Trinken

Gerichte: Der Südschwarzwald bietet für jeden Gaumen und jeden Geldbeutel kulinarische Erlebnisse. In den **Restaurants der Naturparkwirte** (Übersicht auf www.naturparksuedschwarzwald.de/essen-trinken), die sich der Landschaftspflege mit Messer und Gabel verschrieben haben, stehen mindestens drei regionale Gerichte und ein regionales Menü auf der Speisekarte. Die Wirte arbeiten eng mit

Daten & Fakten

Landesnatur und Klima: Der Südschwarzwald, höchster Teil des Schwarzwalds und damit von Deutschlands größtem Mittelgebirge, wird im Westen vom klimatisch begünstigten Oberrheingraben und im Osten von der rauen Baar begrenzt. Im Oberrheingraben sind die Winter am mildesten und die Sommer am heißesten in Deutschland. Bei Donaueschingen liegt ein Kaltluftbecken, das zu den kältesten Ecken Deutschlands gehört. In der Baar, einer Hochfläche zwischen Schwarzwald und Schwäbischer Alb, entspringen Neckar und Donau. Höchste Berge im Südschwarzwald sind Feldberg (1493 m), Herzogenhorn (1415 m), Belchen (1415 m), Schauinsland (1264 m), Kandel (1242 m) und Blauen (1166 m). Die zahlreichen Naturschätze – Wälder, Seen, Moore, Wasserfälle und weitere ungewöhnliche Biotope – stehen im Nationalpark Schwarzwald im Nordschwarzwald und in zwei Naturparks (Mitte/Nord und Süd) unter besonderem Schutz.

Bevölkerung: Rund 1,7 Mio. Menschen nennen die Region ihr Zuhause. Eher dünn sind der Hochschwarzwald und auch der Hotzenwald besiedelt, dicht die Umgebung von Freiburg, die Rheinebene und das Dreiländereck bei Lörrach.

Wirtschaft: Wesentlicher Wirtschaftsfaktor ist seit den 1950er-Jahren der Tourismus. Nach Jahren des Rückgangs steigt die Zahl der Urlauber wieder aktuell an, auch das Interesse ausländischer Besucher nimmt zu. Die Wald- und Weinwirtschaft, feinmechanische Betriebe und Unternehmen der Energiewirtschaft, vor allem in Freiburg, sowie Industrie und Gewerbe im Dreiländereck prägen den Südschwarzwald aus wirtschaftlicher Sicht.

Nervenkitzel und rasante Attraktionen lockten 2022 mehr als sechs Millionen Besucher in den Europa-Park in Rust – damit belegt er Platz eins im Ranking der meistbesuchten Freizeitparks Europas.

den Erzeugern vor Ort zusammen. **Schwarzwaldforellen** oder **Wild** aus heimischer Jagd gehören zum Angebot, ebenso wie die im Badischen sehr beliebten Gerichte aus **Innereien** wie Kutteln oder saure Nierle, die in der Regel mit **Brägele** (Bratkartoffeln) serviert werden. Kommt Rind auf den Tisch, so stammt es häufig vom **Hinterwälder Weiderind,** der kleinsten Rinderrasse Europas, die vor allem auf kleinen, steilen Parzellen gut leben kann. Rinderrouladen, gefüllt mit Zwiebeln, Speck und sauren Gurken oder Nudelsuppe mit Rindfleisch, Tafelspitz mit Meerrettichsoße und Gemüse oder Steaks – das Weiderind ist nicht nur gut, um die Verbuschung der Wiesen aufzuhalten, sondern schmeckt auch und wird oft in Begleitung handgeschabter **Spätzle** serviert. Auf den Weiden leben **Zicklein** und Lamm, die die Küche im Schwarzwald nicht nur durch Käse bereichern, sondern auch als Braten. **Schwein** wird vor allem gerne als **Schäufele** (gepökelte Schweineschulter) mit Kartoffelsalat oder Bauernbrot gegessen. Der Einfluss der französischen und Schweizer Küche ist vor allem entlang der Grenzen deutlich zu schmecken. Wärmende **Suppen** sind nicht nur zur kalten Jahreszeit willkommen. **Flädlesuppe** (klare Rinderbrühe mit Pfannkuchenstreifen), Markklößchensuppe, Kartoffel- oder Linsensuppe sind ein paar Beispiele aus der reichhaltigen Suppenküche.
Der geräucherte **Schwarzwälder Schinken** liegt auf Vesperplatten neben Blut- und Leberwurst und Schwartenmagen (Presssack). Meist findet sich auf den Platten auch ein Stück Käse von einem der Bauernhöfe. Selbstverständlich gibt es dazu Bauernbrot aus dem Holzofen. Schinken und Wurst in Dosen sind beliebte Mitbringsel.

Preiskategorien

€ € €	Hauptspeisen	über 35	€
€ €	Hauptspeisen	15 – 35	€
€	Hauptspeisen	bis 15	€

Für die Kaffeezeit empfiehlt sich die üppige **Schwarzwälder Kirschtorte.** Jeder Konditor hat sein eigenes Rezept, aber dunkle Bisquitböden, getränkt mit Kirschwasser, Schattenmorellen und viel Sahne sind immer dabei. Wer es leichter mag, nimmt Heidelbeer- oder Käsekuchen oder ofenfrischen Hefezopf.
Restaurants: Eine Auswahl empfohlener Adressen wird auf den einzelnen Infoseiten vorgestellt. Preiskategorien: siehe Kasten unten.
Märkte und Hofläden: Regionale Produkte direkt vom Erzeuger kann man in Bauernhofläden oder auf den örtlichen Wochenmärkten einkaufen, u. a. den dunklen, aromatischen Tannenhonig. Von April bis Okt. bieten an Sonntagen Naturparkmärkte an wechselnden Orten neben Produkten der Region auch Einblicke in alte Handwerkstechniken (www.naturpark-suedschwarzwald.de; www.echt-schwarzwald.de).
Getränke: Wein gehört in Restaurants des Südschwarzwaldes zum guten Essen. Vor allem Erzeugnisse der Winzer von Kaiserstuhl und Tuniberg, aus dem Markgräflerland und aus dem Glottertal finden sich auf den Weinkarten. Als Aperitif ein Glas **Winzersekt** und zum Digestif ein **Kirschwasser** oder einen Schnaps aus alten Pflaumen runden jedes Menu ab. Wer lieber ein frisch gezapftes **Bier** trinkt, ist in der Heimat von Rothaus Tannenzäpfle und Fürstenberg-Bier gut aufgehoben. In Freiburg trinkt man Ganter oder Feierling und in Lenzkirch Spezialitäten der Brauerei Rogg. Alkoholfrei trinkt man sonst **Säfte** von Streuobstwiesen, Traubensaft vom Winzer oder Mineralwasser aus Bad Dürrheim sowie Lieler Schlossbrunnen aus Schliengen.

Feste

Auftakt im Festkalender ist die **Fasnet,** besonders hoch her geht es vom Schmutzigen Donnerstag bis Fastnachtsdienstag. Zwischen Frühjahr und Mai finden zahlreiche **Weinfeste** statt (www.badische-weinstrasse.de/erleben/events). Beim Deutschen **Mühlentag** am Pfingstmontag sind nicht nur die Mühlen geöff-

net, die Gemeinden bieten auch ein kulinarisches und kulturelles Programm.
An **Fronleichnam** werden in vielen Orten Blumenteppiche für die Prozession gelegt. Ende Juni bis Mitte Juli lockt das **Zeltmusikfestival** in Freiburg mit Stars. Im Juli/August sind am Titisee und Schluchsee **Open-Air-Veranstaltungen,** in Lörrach gastieren beim Stimmen-Festival Solisten und Chöre, und in St. Blasien sind bei den Domkonzerten international bekannte Musiker zu hören. Am ersten Okt.-Wochenende wird im Münstertal und in Oberried festlich das **Vieh ins Tal** getrieben. Moderne Klänge sind bei den **Donaueschinger Musiktagen** Ende Okt. zu hören. **Weihnachtsmärkte** öffnen auch an ungewöhnlichen Orten wie in der Ravennaschlucht im Höllental.

Kinder

Der **Europa-Park** in Rust ist für Kinder und Jugendliche stärkster Anziehungspunkt, aber auch der **Steinwasen-Park** bei Freiburg, der Vogelpark Steinen, die zahlreichen **Besucherbergwerke** im Hochschwarzwald und im Kinzigtal, die **Sommerrodelbahn** und die spektakuläre Hängebrücke **Blackforestline** bei Todtnau oder der **Vogtsbauernhof** sind Attraktionen für die jüngere Generation, ganz abgesehen von einer Wanderung durch die Wutachschlucht oder auf dem Wichtelpfad am Feldberg. In den **Parks der Sinne** bei Waldkirch und Badenweiler ist viel Abwechslung für Augen, Ohren, Nase, Hände und Füße geboten. Als Ritter oder Burgfräulein können sich die Kleinen auf der sehr sehenswerten **Burgruine Rötteln** bei Lörrach fühlen.

Sport

Radfahren: Dank der E-Bikes und zahlreicher Verleihstationen (www.ebike-schwarzwald.de) ist der Schwarzwald für Fahrradfahrer jeden Leistungsstands ein Vergnügen. Genussradler können auf dem 238 km langen **Südschwarzwald-Radweg** den Naturpark Südschwarzwald fast ohne Steigungen umrunden (suedschwarzwald-radweg.info). Der **Seenradweg Hochschwarzwald** führt auf 68 km an Titisee, Schluchsee, Windgfällweiher und Feldsee vorbei; ein Einstieg an sieben Bahnhöfen möglich (www.hochschwarzwald.de). Barrierefrei radelt man auf dem **Kinzigtalradweg** quer durch den Schwarzwald.
Für Mountainbiker ist ein Weg von Pforzheim nach Bad Säckingen angelegt (www.schwarzwald-tourismus.de). Mehr Details zu Fahrradtouren über www.schwarzwald-tourismus.info.
Gleitschirmfliegen und Ballonfahren: Die Piloten starten vom Kandel, Schauinsland, Blauen, Belchen und im Wiesental, manche nehmen auch Gäste im Tandem mit (www.skymaster-paragliding.de). In Müllheim, Bad Krozingen, Freiburg, Hinterzarten und im Europa-Park in Rust starten Heißluftballone zu ruhigen Fahrten (www.ballonsport-muellheim.de) über Kaiserstuhl, Schwarzwald und Markgräflerland.

Schwimmen: Ganzjährig erholsam ist ein Besuch in einem der Thermalbäder. In Freiburg (www.keideltherme.de), Badenweiler (www.staatsbad-badenweiler.de), Bad Krozingen (www.bad-krozingen.info/Vita-Classica), Bad Bellingen (www.balinea.de) und Bad Dürrheim (www.badduerrheim.de/solemar) bieten sie auch vielfältige Saunalandschaften. Ein Kleinod ist das Radon Revital Bad in Menzenschwand bei St. Blasien (www.stblasien.de/freizeit-tourismus/revital-bad). Unter Palmen liegen und in den Schwarzwald schauen, das geht nur im Badeparadies in Titisee (www.badeparadies-schwarzwald.de). Natürlich kann man auch in zahlreichen Seen baden, nicht nur im Titisee und im Schluchsee. Das Strandbad Windgfällweiher an der Bundesstraße B 500 zwischen Schluchsee und Feldberg erinnert an ein Bad aus den 1950er- und 1960er-Jahren.

Wandern: Neben den Fernwanderwegen wie West-, Mittel- und Ostweg gibt es ein riesiges Netz an Themenwegen. Betreut werden die mehr als 24 000 km Wanderwege vor allem vom Schwarzwaldverein (www.schwarzwaldverein.de). Ein ausgefeiltes Markierungssystem führt die Wanderer sicher ans Ziel. Immer aktuell ist die **Schwarzwald-App** mit Tipps für Touren/Ausflüge (www.schwarzwald-tourismus.info). Als Qualitätsweg sind beispielsweise der 108 km lange **Zweitälersteig** um das Elztal und das Simonswäldertal und der 22 km lange **Kaiserstuhlpfad** klassifiziert. Der **Wasserfallsteig** mit dem Fahler und dem Todtnauer

Wasserfall ist als Premiumweg eingestuft, ebenso der 12 km lange **Feldbergsteig**, der grandiose Einblicke in die Natur und gigantische Ausblicke auf die Landschaft bietet. In sechs Tagesetappen lassen sich die 119 km des **Schluchtensteigs** erwandern, der auch die einzigartige Wutachschlucht berührt (www.schluchtensteig.de). Überall führen ortskundige Wanderer und Ranger gerne die Gäste; ein besonderes Angebot hat das Team von „Original Landreisen" entwickelt, das zu ungewöhnlichen Zeiten an bekannte und weniger bekannte Orte führt (siehe „Unsere Favoriten", S. 30).

Wintersport: Der südliche Schwarzwald ist eine Wintersporthochburg (siehe „Zur Sache", S. 80). Das Angebot für den Hochschwarzwald listet die Internetseite www.hochschwarzwald.de auf. Für den gesamten Schwarzwald erteilt Schwarzwald Tourismus Wintersporttipps, online abrufbar unter www.schwarzwald-tourismus.info/erleben/winterurlaub. Auskünfte zum Angebot am Feldberg: www.feldberg-erlebnis.de. Rund ums Langlaufen informieren die Seiten www.langlauf-im-schwarzwald.de sowie www.nordic-center-notschrei.de. In Todtmoos findet seit über 40 Jahren Ende Januar das Schlittenhunderennen statt.

Unterkunft

Camping: Überall im Schwarzwald sind gut ausgestattete Campingplätze zu finden. Die

Schwarzwald Tourismus Gesellschaft nennt eine Vielzahl und hält unter dem Stichwort Camping eine Übersicht zum Download bereit (www.schwarzwald-tourismus.info). Seit Jahrzehnten bewährt hat sich der ADAC-Campingführer, den es auch als App gibt.

Hotels und Gasthöfe: Das Angebot ist in allen Preisklassen sehr breit aufgestellt. Eine Auswahl findet sich jeweils auf den Infoseiten. Oben genannte Preiskategorien: Doppelzimmer mit Frühstück in der Hauptsaison.

Jugendherbergen: Insgesamt zehn Jugendherbergen verteilen sich auf den Südschwarzwald – u. a. gibt es eine auf der Passhöhe des Feldbergs, in einem Klosterbau in Rottweil und in einem Schwarzwaldhof (17. Jh.) in Hinterzarten. Infos unter www.jugendherberge.de.

Urlaub auf dem Bauernhof: Viele, teilweise kommerzielle Anbieter finden sich im Internet. Eine empfehlenswerte Adresse ist die Landesarbeitsgemeinschaft Urlaub auf dem Bauernhof in Baden-Württemberg e. V. (Merzhauser Str. 111, 79100 Freiburg, Tel. 0761 27 13 36 00, www.urlaub-bauernhof.de).

Info

Geschichte

1000 v. Chr.: Die Kelten siedeln als erstes historisch bestimmbares Volk im südlichen Schwarzwald und am Rheinknie.

58 v. Chr.: An den Rändern des südlichen Schwarzwalds entstehen römische Gutshöfe und aufwendige Thermen. Ab 74 n. Chr. wagen sich die Römer auch in den Schwarzwald vor; eine Heerstraße führt durch das Kinzigtal zum heutigen Rottweil.

um 300 n. Chr.: Alamannen drängen von Norden und Osten in den Schwarzwald, hinterlassen aber keine Siedlungsspuren.

7.–10. Jh.: Unter den Merowingern und den Karolingern wird der Schwarzwald kultiviert. Christianisierung und Gründung erster Klöster, darunter St. Blasien und St. Trudpert.

11.–14. Jh.: Zähringer gründen u. a. Freiburg. Erzbergbau beschert der Region einen gewissen Wohlstand. Der Breisgau wird habsburgisch. Die Markgrafen von Baden herrschen in den Gebieten um Badenweiler und Lörrach.

1457: Gründung der Universität Freiburg durch Erzherzog Albrecht von Österreich.

16. Jh.: Bauernunruhen. Die Reformation spaltet den Schwarzwald konfessionell.

1618–1648: Der Dreißigjährige Krieg bringt Elend und Armut auch in den Schwarzwald.

Ende 17. Jh.: Flößerei und Glasbläserei sind wichtige Erwerbszweige.

1726–1748: Vom Kloster St. Blasien ausgehende Bemühungen, alte bäuerliche Freiheitsrechte zu beschneiden, führen zu den „Salpeterunruhen" im Hotzenwald, die mit Militärhilfe niedergeschlagen werden.

ab 1803: Säkularisierung und Aufhebung aller Klöster. Größte regionale Gewinner sind das neue Großherzogtum Baden und das den nordöstlichen Schwarzwald beherrschende, neue Königreich Württemberg.

1817: Der badische Ingenieur und Oberst Tulla beginnt mit der Begradigung des Oberrheins.

1846: Die Rheintalbahn nach Basel nimmt ihren Betrieb auf.

1848/1849: Die Deutsche Revolution beginnt in Baden und wird von preußischen und österreichischen Truppen niedergeschlagen.

19. Jh.: Viele Familien, vor allem aus dem Hotzenwald, müssen wegen großer Hungersnot auswandern.

1918: Der badische Großherzog und der württembergische König danken ab.

1939–1945: Zweiter Weltkrieg. Zahlreiche Städte werden durch alliierte Bombardements zerstört, darunter Freiburg und Lörrach.

1945: Französische Truppen besetzen Südbaden.

1952: Gründung des Landes Baden-Württemberg.

1975: Massive Proteste in Baden und im Elsass gegen das geplante Atomkraftwerk Wyhl.

1987: Nach Einbeziehung Freiburgs nennt sich der 1946 eröffnete Flughafen nun EuroAirport Basel-Mulhouse-Freiburg.

1991: Die französischen Garnisonen werden aufgelöst. Müllheim wird ab 1992 Standort der Deutsch-Französischen Brigade.

1999: Der Naturpark Südschwarzwald wird gegründet – mit 3940 km² drittgrößter Deutschlands. Zum Jahresende hinterlässt der Orkan Lothar eine Schneise der Verwüstung.

2000: Der Naturpark Schwarzwald Mitte/Nord entsteht, mit 4200 km² Fläche ist er der größte in Deutschland.

2014: Gründung Nationalpark Schwarzwald.

2015/2017: Rottweil bekommt mit dem 232 m hohen Testturm für Aufzüge ein neues Wahrzeichen, 2017 eröffnet die Besucherplattform.

2020/2021: Unter dem Motto „900 Jahre jung" feiert Freiburg sein Stadtjubiläum.

Bis 2038: will die Stadt Freiburg Klimaneutralität erreichen.

Ankommen, loswohnen und wohlfühlen.

BLACK F – stilvolles „Wohnen auf Zeit"-Erlebnis mitten in Freiburg

Drei Tage, drei Wochen oder drei Monate – der Schwarzwald mit seiner liebenswerten Hauptstadt Freiburg ist immer eine Reise wert. Da darf es durchaus auch mal ein längerer Aufenthalt sein. Wer mehr als ein Hotelzimmer oder eine klassische Ferienwohnung will, findet in Serviced Apartments eine attraktive Alternative. Seit 2020 bietet BLACK F ein Temporary Living Konzept mitten in der Breisgau-Metropole an, das dem Lebensgefühl des aktuellen Zeitgeists entspricht: digital, ökologisch, nachhaltig und mit ganz viel Stil, Design und modernem Ambiente.

Mit seinem Slogan „Ankommen. Loswohnen. Wohlfühlen." trifft BLACK F mitten ins Herz einer Generation, die weiß was sie will: ihre Unterkunft per Handy buchen (digitale Guest Journey), kein schlechtes Gewissen in Sachen Umwelt haben und zeitlich flexibel, mitten in der Stadt und umgeben von einem stilvollen Design wohnen. Genau dafür stehen den erwartungsvollen Gästen in zwei sympathischen Häusern, dem BLACK F HOUSE und dem BLACK

F TOWER, jeweils 138 und 54 hochwertig und komplett ausgestattete Apartments, Studios und Suiten zur Verfügung – die perfekten Habitate für Short-, Mid- und Longstay-Aufenthalte. Privat für einen City-Trip oder Urlaub, geschäftlich für die Probezeit oder ein Projekt. Ideal für alle, die den modernen Schwarzwald, das moderne Freiburg suchen.

Sympathisch, grün, hochtechnisiert und futuristisch in einem

Überragend – das beschreibt den 16-stöckigen Black F Tower, Freiburgs erstes klimaneutrales Gebäude, am treffendsten. Bis in 52 Meter Höhe reicht das komplett mit Balkonen versehene, Ende 2022 eröffnete Bauwerk. 50.000 immergrüne Pflanzen bilden Deutschlands größte begrünte Fassade und auf dem Dach sind gleich vier Bienenvölker zuhause. Drinnen entfalten Naturmaterialien und eine fünf Meter hohe Birkenfeige ein nachhaltiges Wohnklima. Hinzu kommen ausdrucksstarke Schwarzwald-Kunst auf Schritt und Tritt, Entfaltungsmöglichkeiten in stilvollen Chillout-Zonen oder auf der Dachterrasse. Ausgestattet mit Outdoor-Kitchenette eröffnet diese

einen alles überragenden Blick über Freiburg bis hin zu den Höhen des Südschwarzwalds. Das durchdachte Konzept des Black F Tower zeigt schon heute, wie die Zukunft von Serviced Apartments aussehen könnte: grün, hochtechnisiert und futuristisch in einem – begleitet von einem herzlichen Service vor Ort.

Einfach wohnen wie zuhause – nur neuer und schöner

Gäste von BLACK F erwartet ein Zuhause auf Zeit, dass ein Gegenentwurf zum immer gleichen Hotelzimmer ist und alle Annehmlichkeiten einer herkömmlichen Wohnung mitbringt: von der Wohlfühl-Einrichtung mit zarter Schwarzwald-Note bis hin zur Bettwäsche, den Handtüchern und der wöchentlichen Reinigung. Voll ausgestattet Kitchenette, gemütliche Ess-, Wohn- und Schlafbereiche sowie großzügige Badezimmer, Smart-TV, kostenfreies WIFI und Klimagerät gehören zum Standard der 20 qm-Studios bis zu den 70 qm-Suiten.

BLACK F
Temporary Living

Black F House GmbH Waldkircher Straße 30, 79106 Freiburg im Breisgau
Telefon: +49 761 611 677 40, Mail: info@blackf.house, **www.blackf.house**

Urlaub erinnern ...

Jeder Urlaub geht einmal zu Ende – was bleibt, sind die Mitbringsel, aber auch Erinnerungen an Land und Leute, an Aromen und Düfte und an manche Kuriosität.

MIT FACKELN INS TAL

Unternehmungen, die vom Wetter abhängen, haben stets ihren besonderen Nervenkitzel. Nachdem wir eine Wanderung zum Sonnenuntergang am Belchen gebucht hatten, beobachteten wir tagelang den Wetterbericht. Wir hatten Glück. Der Sonnenuntergang war unglaublich schön, das Fondue im Belchenhaus sehr lecker und der Rückweg mit Fackeln durch den Wald romantisch und ein wenig abenteuerlich (z. B. über https://original-landreisen.de).

KRÄUTERPARADIES

Sollten Sie Besonderheiten für Ihr Kräuterbeet im Garten oder den Kräuterkasten am Balkon suchen, sind Sie bei der Gärtnerei Friderich genau richtig. Beim Georgsbrunnen auf dem Münstermarkt in Freiburg oder im Kräuterhaus in Sasbach am Kaiserstuhl findet man ausgefallene Spezialitäten, die sich nicht zuletzt durch Robustheit auszeichnen. Die Kräuterpflanzen kann man auch bestellen (www.friderich.de).

GUTEDEL GEHT IMMER

Ein Wein, den man immer trinken kann und den Sie jedem mitbringen können: Gutedel. Typisch für das Markgräflerland. Angeblich trinkt der Markgräfler „z'Nüni" das erste Glas Gutedel. Z'Nüni? Hochdeutsch: Zwischenmahlzeit vormittags. Mit dem Mittagessen geht es weiter, über Kaffee, Abendessen bis zum Schlummertrunk. Ich glaube das ja nicht so ganz. Aber eine Flasche Gutedel ist auf alle Fälle ein sehr typisches Mitbringsel, auch für unseren Keller.

IM SPIELE-WALD

Können Sie Cego spielen? Nein? Ich auch (noch) nicht. Aber mit den neuen Karten, die Anita Schwörer aus Titisee-Neustadt für das Kult-Kartenspiel aus dem Hochschwarzwald entworfen hat (Abb.), will ich es endlich lernen. Ein anderes Spiel findet sich etwa in der Fahrradrallye auf dem Brett der „Badischen Zeitung": „Schwarzwald, fertig, los!" ...

HOCH HINAUS

Wenn ich das nächste Mal nach Rottweil komme, will ich unbedingt hoch hinaus. Auf die höchste Aussichtsplattform Deutschlands, auf 232 Meter. Thyssenkrupp erprobt in seinem Testturm Aufzüge, die mit bis zu 18 Metern pro Sekunde nach oben rasen. Bei klarem Wetter erblicken Sie gar die Gipfel der Schweizer Alpen – unvergesslich. Und sehr beliebt, also besser reservieren!

SOMMER IM SCHRAUBGLAS

Unsere (erwachsenen) Söhne freuen sich sehr über einen selbst bestückten Adventskalender. Bei Ireneus Frost auf dem Freiburger Münstermarkt kaufe ich dafür kleine Marmeladengläschen, die den Sommer in die kalte Jahreszeit bringen und stets sehr gut ankommen. Für uns nehme ich eher einen Beerenbalsam oder einen Balsamessig mit.

»WENN'S WETTER AM KIPPEN IST, SIND SONNENUNTERGÄNGE GANZ WUNDERSCHÖN.«

Feldberg-Ranger Achim Laber

EINTAUCHEN UND LOSLASSEN

Der westliche Rand des Südschwarzwalds ist für mich ein Entspannungsparadies. So viele Thermen! Meine Lieblingstherme ist die in Badenweiler. Warmes Thermalwasser, Saunas, Römisch-Irisches Bad, direkt neben der historischen Therme. Bei solchen Recherchefahrten begleitet mich mein Mann gerne und macht mich darauf aufmerksam, dass wir auch noch nach Bad Bellingen, Bad Krozingen und nach Freiburg zur Bad-Recherche fahren sollten.

ENTDECKUNGEN PER APP

Hat meine Lieblingsstrauße schon offen? Wo ist hier in der Nähe eine Strauße? Wer hat vegetarische Gerichte auf der Karte? Alle diese Fragen beantwortet mir jedes Jahr aufs Neue meine Straußen-App von der „Badischen Zeitung" in Freiburg. Sie hat mich schon zu vielen schönen Winzer-Straußen geführt, die ich ohne App nie entdeckt hätte.

SCHNAPS MUSS (NICHT IMMER) REIN

Schwarzwälder Kirschtorte. Wenn ich das Wort höre, läuft mir das Wasser im Mund zusammen. An Festtagen gehört sie bei vielen Schwarzwälder Familien zum festen Repertoire der Köstlichkeiten, in der Regel selbst gebacken. Das habe ich bis heute nicht geschafft. Deshalb werde ich mich demnächst endlich mal zum Kirschtortenkurs anmelden.

DURCH MATSCH ZUM GUTEN SCHLAF

Im Matsch zu waten, ist eine große Leidenschaft von mir. Oder über feuchtes Gras zu gehen. Manchmal gehe ich auch über Glassplitter. Kommt drauf an, was der Barfußpfad, auf dem ich gerade unterwegs bin, zu bieten hat. Ein besonders schöner und abwechslungsreicher Weg findet sich in Gutach, nicht weit entfernt vom Vogtsbauernhof. Unter www.barfusspark.info finden Sie auch einen Pfad in Ihrer Nähe. In der Nacht nach dem Besuch werden Sie wohlig schlafen. Versprochen!

REGISTER

Impressum

6. Auflage 2024
© DuMont Reiseverlag, Ostfildern

Verlag: DuMont Reiseverlag, Postfach 3151, 73751 Ostfildern,
Tel. 0711 45 02-0, www.dumontreise.de
Geschäftsführer(in): Dr. Stephanie Mair-Huydts, Markus Schneider
Programmleitung: Andrea Wurth
Redaktion: Frank Müller (red.sign, Stuttgart); Christiane Wagner (Leonberg)
Text: Cornelia Tomaschko, Ettlingen
Exklusiv-Fotografie: Martin Kirchner, Berlin
Titelbild: Huber Images/Spiegelhalter
Zusätzliches Bildmaterial: S. 4 M. l. und 8/9 Huber Images/Reinhard Schmid,
10/11 Markus Kirchgessner, 12/13 picture alliance/Philipp von Ditfurth,
18 l. Scholerhof, 18 r. Brauerei Rothaus, 19 l. o. DuMont Bildarchiv/Rainer
Fieselmann, 19 r. o. laif/Martin Kirchner, 19 u. Markus Kirchgessner, 30 l. mauritius
images/Klaus Neuner, 30 r. Lookphotos/Daniel Schoenen, 31 l. o. laif/Emmler,
31 r. o. Lookphotos/Heinz Wohner, 31 u. Schwarzwaldcamp, 33 l. und r. u. DuMont
Bildarchiv/Ralf Freyer, 38/39 Huber Images/Reinhard Schmid, 48 l. Rombach und
Haas, 48 r. Monika Goecke, 49 l. Kim Schimpfle, 49 r. o. Markus Kirchgessner,
49 r. u. DuMont Bildarchiv/Ralf Freyer, 51 l. Markus Kirchgessner, 53 iStockphoto/
urf, 64 laif/Martin Kirchner, 65 u. DuMont Bildarchiv/Markus Kirchgessner, 67 r. o.
DuMont Bildarchiv/Rainer Fieselmann, 67 r. u. und 68 r. o. DuMont Bildarchiv/Ralf
Freyer, 69 Lookphotos/Konrad Wothe, 70/71 laif/Ralf Brunner, 82 Lookphotos/
Daniel Schoenen, 83 mauritius images/Alamy Stock Photos/Klaus Ulrich Müller,
99 l. und 114 DuMont Bildarchiv/Rainer Fieselmann, 120 l. Fox Schwörer,
www.fox-grafik.net © Fox Schwörer; 120 r., 121 o. und 121 u. r. Anja Schlatterer,
121 u. l. Shutterstock/M. Somchai
Grafische Konzeption, Art Direktion, Layout: fpm factor product münchen
Cover Gestaltung: Cyclus · Visuelle Kommunikation, Stuttgart
Kartografie: © MAIRDUMONT GmbH & Co. KG
Kartografie Lawall (Karten für „Unsere Favoriten")
DuMont Bildarchiv: Marco-Polo-Straße 1, 73760 Ostfildern,
Tel. 0711 45 02-0, bildarchiv@mairdumont.com

Für die Richtigkeit der in diesem DuMont Bildatlas angegebenen Daten –
Adressen, Öffnungszeiten, Telefonnummern usw. – kann der Verlag keine Garantie
übernehmen. Nachdruck, auch auszugsweise, nur mit vorheriger Genehmigung
des Verlages. Erscheinungsweise: vierteljährlich.

Anzeigenvermarktung: MAIRDUMONT MEDIA, Tel. 0711 45 02-0,
media@mairdumont.com, http://media.mairdumont.com
Vertrieb Zeitschriftenhandel: PARTNER Medienservices GmbH,
Postfach 810420, 70521 Stuttgart, Tel. 0711 72 52-212
Vertrieb Abonnement: Leserservice DuMont Bildatlas,
Zenit Pressevertrieb GmbH, Postfach 810640, 70523 Stuttgart,
Tel. 0711/7252-265, dumontreise@zenit-presse.de
Vertrieb Buchhandel und Einzelhefte: MAIRDUMONT
GmbH & Co. KG, Marco-Polo-Straße 1, 73760 Ostfildern,
Tel. 0711 45 02-0
Reproduktionen: PPP Pre Print Partner
GmbH & Co. KG, Köln

Printed in Germany

FSC
www.fsc.org
MIX
Papier aus ver-
antwortungsvollen
Quellen
FSC® C155291